Alexander Rudolph

Moderne Architektur

Entdeckungen an der Ostsee

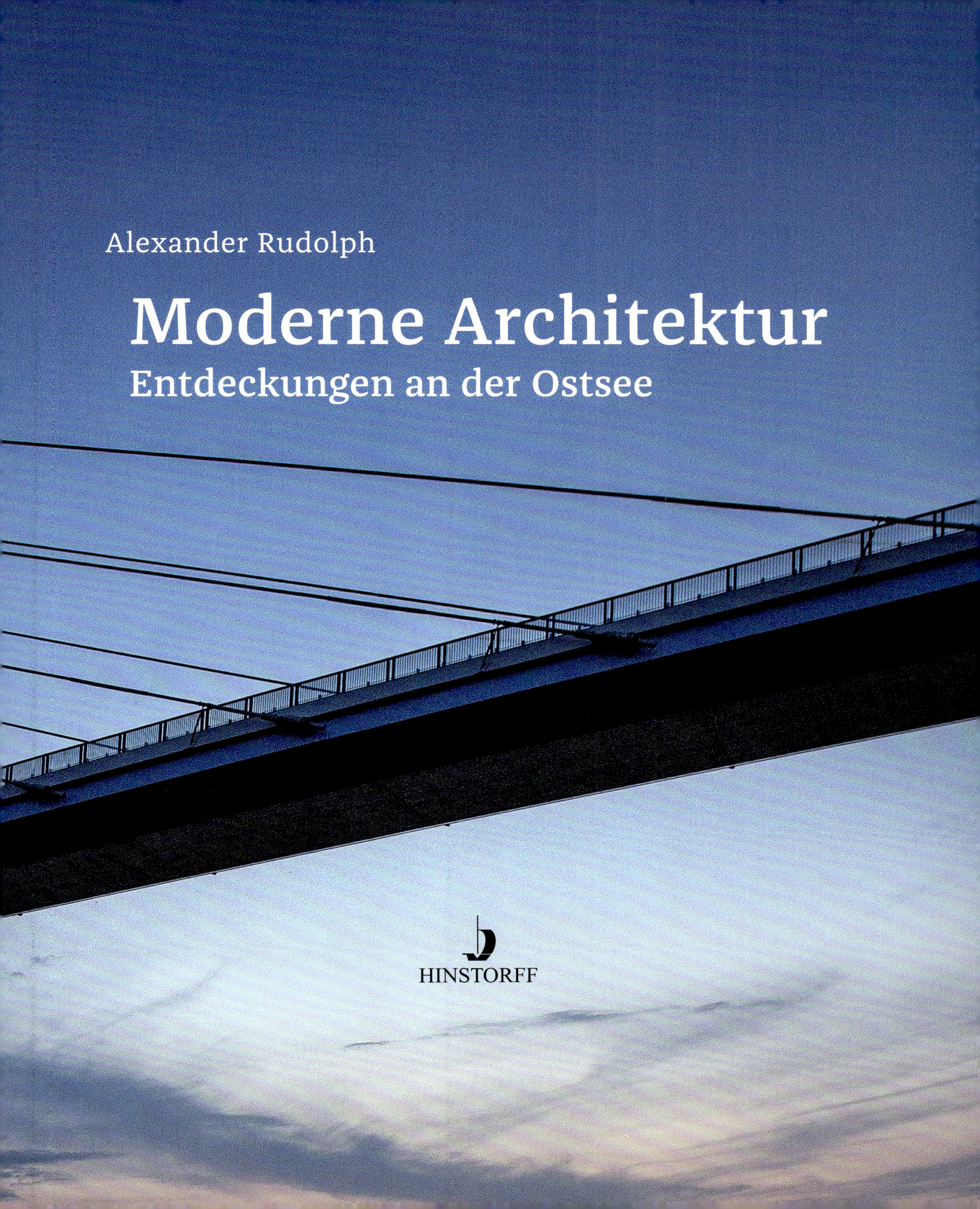

HINSTORFF

Inhalt

Nykøbing
Falster
Lolland
DÄNEMARK
Falster
OSTSEE
Prer
112
Fehmarn
Darß
Ahrenshoop
98, 104
Wustrow
92
Fischland
Mecklenburger Bucht
Graal-Müritz
Ribnitz-
Damgarten
Reckn
Warnemünde
Marlow
Kühlungsborn
Bad
Doberan
Rerik
Rostock
58, 64, 72,
80, 84, 86
Kröpelin
Tessin
Neubukow
Insel Poel
Groß Schwansee
38
Travemünde
Klütz
Hohenkirchen-
Beckerwitz
48
Schwaan
Laage
Wismar
Dassow
Lübeck
Grevesmühlen
44, 46
Neukloster
Schönberg
Bützow
Warnow
Güstrow
220
Nakenstorf
54
Warin
Teterow
Rehna
Brüel
Nebel
Dechow
34
Gadebusch
Sternberg
Mildenitz
Ratzeburg
Krakow
am See
Schaalsee
Dobbertin
Schwerin
12, 18, 24, 28
Mölln
Crivitz
Goldberg
Zarrentin
30
Wittenburg
Plau
am See
Malchow
Lübz
Hagenow
Elde
Parchim
218
Ganzlin
Boizenburg
Neustadt-
Glewe
Ludwigslust

0 10 20 30 km
Stralsund 132, 140
Ort
Verweis auf die Seitenzahlen im Buch, auf denen Bauten aus den Orten vorgestellt werden
Kloster 150
Insel Hiddensee
Königsstuhl 154
Sassnitz 158
Rappin 146
Insel Rügen
Bergen
Binz
Putbus 160
Lauterbach 162
Rambin 142
Garz
Zingst
Barth 122, 126
Stralsund 132, 140
Barthe
Pommersche Bucht
Greifswalder Bodden
Zicker (Zudar) 168
Richtenberg
Franzburg
Lubmin 188
Grimmen
Ryck
Greifswald 174, 180, 184, 186
Bad Sülze
Tribsees
Zinnowitz
Insel Usedom
Koserow 192
Wolgast
Insel Wollin
Achterwasser
Trebel
Ahlbeck 194
Swinemünde
Gnoien
Loitz
Gützkow
Lassan
Jarmen
Dargun
Demmin
Peene
Usedom
Tollense
Anklam
Stettiner Haff
Neukalen
Ueckermünde
Malchin
Altentreptow
Eggesin
Reuterstadt Stavenhagen
Friedland
Torgelow
POLEN
Datze
Randow
Neubrandenburg 198
Stettin
Waren (Müritz) 208, 214
Penzlin
Burg Stargard
Woldegk
Strasburg
Pasewalk
Müritz
Uecker
Neustrelitz 206
Feldberg
Röbel
Prenzlau
Penkun
Oder

Vorwort

Der Reiz von Mecklenburg-Vorpommern besteht gleichermaßen aus großen, unzerschnittenen Natur-, Landschafts- und Küstenräumen und aus historischen Zeugnissen der Baukultur: die Bäderarchitektur, Schlösser, Parks und Herrenhäuser, aber auch rote Backsteinbauten als Erbe der Hanse und majestätische Kirchenbauten. Und in der Tat werden diese Gebäude und Anlagen durch Einheimische und Gäste zu Recht bewundert und geschätzt, man fühlt sich in ihrer Umgebung wohl und entspannt.

Aber Mecklenburg-Vorpommern bietet viel mehr – viel mehr an moderner regionaler Architektur, die es für Reisende zu entdecken gilt.

Der vorliegende Bildband zeigt Beispiele des »Aufbruchs in die Moderne«, der sich in Mecklenburg-Vorpommern bislang wenig medienwirksam vollzog. Er zeigt dem an zeitgenössischer Architektur Interessierten, wie moderne Architektur die Vergangenheit fortschreibt, sich dabei in die Umgebung einpasst und diese mit gestaltet.

Neben klassischen Restaurierungen wertvoller Architektur mit neuen Nutzungskonzepten zeigt die Auswahl von Architekturbeispielen in unterschiedlichsten Nutzungen moderne Solitärbauten und Ensembles, die Historie und Moderne als Einheit verstehen.

Die Architektenkammer und der Tourismusverband Mecklenburg-Vorpommern laden den Leser sehr herzlich dazu ein, sich vor Ort ein Bild von dem Zusammenwirken von qualitätvoller historischer und moderner Architektur zu machen.

Wir wünschen eine spannende, beflügelnde Reise zu den Orten des neu Gebauten!

Sylvia Bretschneider
Präsidentin des Tourismusverbandes
des Landes Mecklenburg-Vorpommern

Joachim Brenncke
Präsident der Architektenkammer
Mecklenburg-Vorpommern

Einleitung

»Wenn die Welt untergeht, so ziehe ich nach Mecklenburg, denn dort geschieht alles 50 Jahre später.« Dieses Bismarck zugeschriebene Zitat charakterisiert für viele Menschen noch heute den Landstrich im Nordosten Deutschlands. Wenn sich Besucher auf ihren Weg nach und durch Mecklenburg-Vorpommern machen, scheint sich – gerade in den ländlichen Gebieten fernab der Ostsee oder der Mecklenburgischen Seenplatte – diese Aussage hin und wieder zu bestätigen.

Es ist vor allem die Natur, die das nordöstliche Bundesland zu einer der beliebtesten Urlaubsregionen der Deutschen gemacht hat: die kilometerlangen Strände entlang der Ostsee, die Boddenküste, Felder, Wälder, Sumpf- und Seenlandschaften.

Zunehmend rückt aber auch die Architektur des Landes in den Fokus der Urlauber. Sie wird geprägt durch die Rathäuser und Kirchen, die nicht nur in den großen Hansestädten beeindruckende Dominanten bilden, und durch die über 2 000 Schlösser, Guts- und Herrenhäuser, die sich selbst in entfernten Winkeln finden.

Backsteingotik und die gerade an der See oft Urlaubsstimmung verkörpernde Bäderarchitektur sind Schlagworte für jene, die sich für Baukunst begeistern. Kaum jemand denkt jedoch an moderne Architektur, wenn von Mecklenburg-Vorpommern die Rede ist.

Zu Unrecht, wie dieses Buches beweist. Ob prominent oder sorgsam verborgen – überall im Land haben Architekten mittlerweile ihre Handschrift hinterlassen und sehr sehenswerte Bauten geschaffen, die es mit denen in architektonischen Zentren wie Berlin, München oder Hamburg aufnehmen können.

Diese Perlen der Baukunst aufzuzeigen und zum Entdecken außergewöhnlicher Gebäude zu ermuntern, soll Aufgabe der folgenden über 200 Seiten sein. Der Autor hat aus zahlreichen zeitgenössischen Bauten die 45 spektakulärsten ausgewählt, kurz beschrieben und vor allem in Bildern eingefangen. Ziel war dabei nicht nur, die architektonische Leistung zu würdigen, sondern die Atmosphäre, die Stimmung, den Charakter jedes einzelnen Bauwerks zu vermitteln.

Dieser Band kann nur einen winzigen Ausschnitt dessen darstellen, das mit offenen Augen überall im Land zu entdecken ist. Er lädt daher ein, sich selbst auf den Weg zu machen und – mit oder ohne dieses Buch unter dem Arm – die herausragenden Beispiele der Architektur in Mecklenburg-Vorpommern zu erleben.

Alexander Rudolph, Juli 2015

Westmecklenburg mit Schwerin

Landesfunkhaus NDR
Schwerin

Schlossgartenallee 61 | 19061 Schwerin
Fertigstellung: 1998
Architekten: Struhk + Partner

Wer in Schwerin nach dem Landesfunkhaus des NDR sucht, wird sich auf dem Weg dorthin vermutlich mehrfach fragen, ob er tatsächlich noch auf der richtigen Route ist. Hinter dem Schlosspark führt die Straße zunächst durch ein historisches Villenviertel mit breiten Alleen und repräsentativen Fassaden. Hier und da ist eine Lücke mit einem modernen Bau geschlossen worden. Am Ende der Schlossgartenallee lenkt zur linken Seite die sich plötzlich öffnende Häuserreihe den Blick aufs Wasser ab, so dass dem Besucher nicht gleich auffallen dürfte, wie nah er dem rechter Hand liegenden Ziel seiner Reise ist.

Am Rande eines Stadtwaldes heißt die gebogene Glasfassade des Landesfunkhauses seine Gäste willkommen. Die großen transparenten Flächen lassen den Bau luftig wirken und kaschieren so seine wahre Größe. Der Neubau umschließt nicht nur das ursprüngliche Stammhaus des Rundfunksenders, sondern öffnet sich darüber hinaus zum Schweriner Innensee. Diese Offenheit war Leitmotiv beim Entwurf des Architekturbüros Struhk + Partner aus Braunschweig. Hautnah erlebbar ist dies im Atrium, das lichtdurchflutet den gepflasterten Vorplatz mit dem Fernsehgarten auf der Rückseite des Hauses optisch verbindet.

Fast alle Bereiche des Senders sind einsehbar und befördern so die Kommunikation der hier Arbeitenden. Auf den Fluren dominieren die großzügigen Meetinginseln für den kleineren oder größeren Informationsaustausch. Nicht nur hier stellt das Landesfunkhaus eine gelungene Symbiose aus Form und Funktion dar.

← Hinter dem Funkhaus befindet sich der NDR-Fernsehgarten. Besucher im Atrium und Gäste des Restaurants im Untergeschoss genießen den Blick auf den Teich direkt am Gebäude.

↑ *Der auf dem Dach platzierte große Meetingraum wird zu jeder Tageszeit von Licht durchflutet.*

← *Beim Schlendern in den langen gebogenen Gängen des Nordflügels hat man das Stammhaus im Innenhof immer im Blick.*

NDR

← *Holz, Metall und vor allem die Transparenz der Sendeanstalt betonendes Glas bestimmen die architektonische Gestalung des Landesfunkhauses, lassen Blicke ins Innere und nach außen zu und spiegeln so den Anspruch einer Einrichtung wider, die inmitten der Gesellschaft steht.*

Ecolea Internationale Schule

Schwerin

Schelfstraße 1 | 19055 Schwerin
Fertigstellung: 2011
Architekten: Petersen Pörksen Partner

Wer die Knaudtstraße am Ufer des Ziegelsees in Schwerin entlangfährt, wird es vermutlich noch nicht einmal bemerken. So unauffällig fügt sich der 2011 fertiggestellte Neubau der Ecolea in die Landschaft ein.

Das liegt zum einen an der Zielstellung des Architektenbüros aus Lübeck, sich mit dem zweigeschossigen Bau an die ursprünglich hier vorhandenen Gartenhäuser anzulehnen, und zum anderen an der Holzfassade, die sich über die vergangenen Jahre unter dem Einfluss der Witterung farblich immer mehr an die umgebenden Gehölze angepasst hat.

Der Gebäudekomplex besteht aus mehreren ineinander verschachtelten Baukörpern, die auch zur Folge haben, dass im Außenbereich viele verschiedene Innenhöfe entstanden sind, in denen die Schüler während der Pausen und nach der Schule ihren Interessen nachgehen können. Auffällig sind die bodentiefen Fenster in allen Bereichen des Schulgebäudes, die eine Brücke zur umgebenden Natur schaffen. Die auch im Innern sehr gerade Linienführung wird durch den Einsatz von Holz und organische Formen aufgelockert.

Wegen seiner Nähe zum See und des hohen Grundwasserspiegels in diesem Teil der Stadt ist das gesamte Gebäude auf Pfählen errichtet.

→ Der Schulhof lädt mit seinen zum Teil transportablen Sitzelementen zum Spielen, Lesen, Unterhalten oder einfach nur zum Verweilen ein.

↑ Das Schulgebäude verfügt über eine automatische Steuerung der Jalousien. Auf diese Weise werden sowohl der Lichteinfall als auch die Temperatur in den Klassenräumen reguliert – eine angesichts der vielen Glasflächen notwendige Maßnahme.

→ In den Glasfassaden, durch die viel natürliches Licht in die Innenräume dringt, spiegelt sich die umgebende Natur.

↑ Das hohe zweistöckige Atrium dient als Essens-saal. Die runden Öffnungen im Dach, die helle Wand-gestaltung und die tropfenförmigen Lampen lassen es freundlich erscheinen.

← Die neutralen Farbtöne an Böden und Wänden erfahren im großzügig verbauten Holz einen wohl-tuenden Gegenpol.

← *Die Bibliothek in der Mitte des Gebäudekomplexes erstreckt sich über zwei Ebenen, die über eine Wendeltreppe miteinander verbunden sind.*

↑ Annegret Ochsenreither, Direktorin der Ecoela, schätzt vor allem die Transparenz des Entwurfes. Während in den meisten Schulen ein Besucher zur Zeit des Unterrichts durch das Gebäude läuft und nichts vom Geschehen in den Räumen links und rechts vom Flur bemerkt, kann man in der Schweriner Schule in jedes Klassenzimmer hineinsehen.

Wasserwerk Mühlenscharrn
Schwerin

Neumühler Straße 48 | 19057 Schwerin
Fertigstellung: 1999
Architekt: Roland Schulz

Vor der Zeit der beliebigen Zweckbauten für öffentliche Einrichtungen, Ämter und Versorgungsbetriebe haben zum Teil namhafte Architekten Wassertürme, Elektrizitätswerke und Fabrikgebäude gestaltet. Umso schöner ist es zu sehen, dass sich die eine oder andere Institution heute wieder an diese Tradition erinnert. Schließlich tragen derartige Gebäude zu einem großen Teil zum Gesicht einer Stadt bei und sorgen somit auch dafür, dass sich deren Einwohner in ihrem Wohnumfeld wohlfühlen.

1996 gewann Architekt Roland Schulz einen vom Stadtplanungsamt Schwerin ausgesetzten Wettbewerb zu einem neuen Wasserwerk. Wer bei einem derartigen funktionalen Bau nur grauen Beton und Metall erwartet, wird im positiven Sinne enttäuscht. Die Anlage am Mühlenscharrn überrascht mit vielen ungewöhnlichen, durchaus »wohnlichen« Details. In allen der Verwaltung dienenden Räumen wurde ein hochwertiges Stäbchenparkett verlegt, auch die über das ganze Gebäude gezogenen gewölbten Deckenelemente aus formverleimtem Sperrholz verströmen eine anheimelnde Wärme und erinnern ein wenig an ein historisches Tonnengewölbe.

Eine Photovoltaikanlage dient vor den im Südwesten liegenden Fenstern gleichzeitig als Sonnenschutz. Das Gebäude des Wasserwerkes ist von Roland Schulz zukunftsorientiert geplant worden. So ist nicht nur genügend Raum im Inneren, um bei einem möglichen wachsenden Bedarf zusätzliche Filterkessel zu installieren. Vielmehr ist das Dach derartig konstruiert, dass es an der entsprechenden Stelle für die Montage leicht entfernt werden kann.

Spannend, weil für den Besucher zunächst unsichtbar, sind die gewaltigen Reinwassertanks, die während Führungen besichtigt werden können. Diese jeweils vier Meter tiefen Becken haben einen Durchmesser von 30 Metern.

→ *Die Außenansicht des Gebäudekomplexes wird im Westen durch die langgestreckte Form des Baukörpers, die durch die horizontalen Sicken im Beton noch betont wird, und die tonnenförmigen Dachelemente bestimmt.*

← Der Sonnenschutz vor dem langgestreckten Fensterband besteht aus Photovoltaikelementen, die zur nachhaltigen Stromversorgung des Wasserwerkes beitragen. Im Bild unten rechts sind die unterirdischen Frischwassertanks zu sehen.

← Auch die farbliche Abstimmung in der Halle mit den Wassertanks verdeutlicht den Anspruch des Bauherren und des Architekten, mehr als funktionale Architektur zu verwirklichen.

Ludwig-Bölkow-Haus
Schwerin

Graf-Schack-Straße 12 | 19053 Schwerin
Fertigstellung: 2009
Architekten: Bothe Richter Teherani Architekten

Besonders bei Sonnenschein offenbart sich der starke Kontrast der geraden Linien und scharfen Winkel des Ludwig-Bölkow-Hauses zum in Sichtweite liegenden Schweriner Schloss mit seiner verspielten, an Loire-Schlösser erinnernden Architektur. Doch es gibt auch Gemeinsamkeiten, die sich erst auf den zweiten Blick erschließen. So mag die goldene Kuppel des Schlosses Inspiration für die messingfarbig eloxierte Fassade des Neubaus gewesen sein, für den das in Hamburg ansässige Büro »Bothe Richter Teherani Architekten« verantwortlich zeichnete.

Der feuchte Untergrund der Schweriner Seenlandschaft machte eine Pfahlgründung nötig. Die bis zu 31 Meter langen Pfähle haben in diesem Fall eine Doppelfunktion. Sie stabilisieren nicht nur den Bau, sondern enthalten auch die Leitungen, durch die das Gebäude mit Geothermie versorgt wird. Bis zu 75 Prozent der im Winter benötigten Wärme können so bereitgestellt werden.

Das Ludwig-Bölkow-Haus besteht aus zwei übereinanderliegenden, u-förmigen Baukörpern. Die Öffnung des Obergeschosses zum Sitz des Landtages hin soll die Offenheit der Wirtschaft zum Parlament symbolisieren. Die klare Linienführung und die großzügigen Glasflächen stehen für Transparenz. Optisch am überzeugendsten wirkt das Haus allerdings, wenn die Jalousien den Blick ins Innere verwehren und die Fassade mit einer weiteren grafischen Gliederung aufwerten.

← Die Architektur des Ludwig-Bölkow-Hauses setzt auf Strenge, gerade Linien, gibt sich sachlich – und hebt sich damit deutlich vom in Sichtweite liegenden Schweriner Schloss ab.

Pahlhuus – Informationszentrum Biosphärenreservat Schaalsee
Zarrentin

Wittenburger Chaussee 13 | 19246 Zarrentin am Schaalsee
Fertigstellung: 1998
Architekt: Betrieb für Bau und Liegenschaften Mecklenburg-Vorpommern

Im Westen des an Natur reichen Bundeslandes befindet sich eine Seenlandschaft, die unzähligen Arten von Vögeln, Ottern und anderen Tieren ein Zuhause bietet. Gleichzeitig ist die Schaalsee-Region jedoch bereits seit Jahrhunderten Kulturlandschaft. Hier wird gefischt, Obst angebaut und Viehwirtschaft betrieben. Um sicherzustellen, dass diese Nutzung zukünftig stets im Einklang mit dem empfindlichen Ökosystem geschieht, wurde das 309 Quadratkilometer große Areal 1990 zunächst zum Naturpark, im Jahr 2000 dann zum Biosphärenreservat erklärt. Das Herzstück bildet der mit 71 Metern tiefste Klarwassersee Norddeutschlands, der dem Reservat seinen Namen gab. Eine Beobachtung der hier lebenden Tierwelt ist – ohne diese empfindlich zu stören – nicht möglich. So entschied sich die Deutsche Bundesstiftung Umwelt 1996 zur Errichtung eines Informationszentrums für den Naturpark. Dieses sollte eine Ausstellung zum Ökosystem des Schaalsees und die Verwaltung des Naturparks beherbergen. Als Standort wurde die kleine, direkt am Ufer des Sees gelegene Stadt Zarrentin auserkoren.

Auf dem Gelände einer ehemaligen Deponie sollte als Kontrast zu den für die Region typischen Reetdach- oder Fachwerkhäusern ein »gewöhnungsbedürftiges«, modernes Gebäude entstehen. Gewöhnungsbedürftig ist die Quaderform der einzelnen Gebäudeteile heute nicht mehr. Eine Besonderheit stellt jedoch die Errichtung des Komplexes auf Pfählen dar, die durch den ehemaligen Deponiekörper hindurch auf tragenden Bodenschichten gründen. Diese Bauweise inspirierte denn wohl auch die Schüler einer 12. Klasse, die den Namen »Pahlhuus« im Rahmen eines Wettbewerbes zur Namensfindung vorschlugen und damit gewannen.

Der 1998 fertiggestellte Bau wird von den deutlich sichtbaren Pfählen, vor allem aber durch den großen Dachüberstand des Verwaltungs- und des Ausstellungsgebäudes sowie deren hölzerne Fassaden geprägt. Bereits 2012 reichte die ursprüngliche Bürofläche nicht mehr aus, so dass mit einem Erweiterungsbau Abhilfe geschaffen werden musste.

PAHLHUUS
Informationszentrum
Biosphärenreservat Schaalsee

← ↑ Von außen geradlinig gestaltet und von Holztönen dominiert, bietet das Pahlhuus innen nicht nur eine spannende, farbenfrohe Ausstellung zum Biosphärenreservat, sondern auch ein kleines und gemütliches Café.

← Die Pyramide hinter dem Gebäudekomplex (oben links) trägt Sonnenkollektoren, die zur Stromversorgung des Informationszentrums beitragen.

←← Vorherige Doppelseite: Sie scheinen über der Landschaft zu thronen – die auf Pfählen stehenden Gebäude des Informationszentrums Biosphärenreservat Schaalsee.

Gläserne Molkerei
Dechow

Meiereiweg 1 | 19217 Dechow
Fertigstellung: 2012
Architekten: Lehrecke Witschurke Architekten

Dass inmitten eines Biosphärenreservats Bio-Milch gewonnen wird, erscheint wohl den meisten plausibel. Dass die Molkerei, in der diese gesammelt und abgefüllt wird, eine überaus überzeugende Architektur aufweist und auch deshalb beliebtes Ausflugsziel von Mecklenburgern und Urlaubern der Region ist, überrascht dann schon eher.

Bei der Planung des 2012 fertiggestellten Baus stand die Funktionalität im Vordergrund. Das Gebäude sollte den Erfordernissen moderner Milchproduktion entsprechen. Insbesondere kurze Wege für das Ausgangsprodukt hatten Priorität, erwartet der Verbraucher doch zu Recht frische Molkereierzeugnisse.

Zugleich sollte die Architektur jedoch auch einladend sowohl für Mitarbeiter als auch Besucher sein. Dazu trägt die große, über zwei Etagen reichende Glasfläche an der Schmalseite – hinter der sich der Hofladen und das Besucherzentrum befinden – ebenso bei wie der lange, zu beiden Seiten verglaste Gang, der den Blick auf die rechts und links darunter liegende Produktion und Abfüllung ermöglicht. Dieser Gang, der durch das gesamte Gebäude reicht, verjüngt sich im Anschluss. Informative Schautafeln zur Herkunft der Milch und weitere Fenster, die Einblick in die Lagerräume erlauben, wechseln sich ab, bevor es in einen großen, lichtdurchfluteten Seminarraum geht, an den sich rechts eine große Loggia anschließt.

Seine Ausrichtung zur Straße, die langgestreckte Form und die vertikalen Lamellen aus Lärchenholz lassen das 91 Meter lange Gebäude kleiner wirken, als es in Wirklichkeit ist.

→ Die großen, schimmernden Frischmilchtanks stehen in starkem Kontrast zur matten, verwitterten Lärchenholzfassade der Molkerei.

↑ *Funktion, sachliche Formensprache und Ästhetik müssen keinen Gegensatz bilden, sondern können auf lebendige, harmonische Weise eine Einheit verkörpern.*

→ *Der lange, zu beiden Seiten verglaste Gang bietet großzügige Einblicke in die Produktion von Butter, Joghurt, Quark und Frischmilch, die auch im Laden hinter der großen Glasfläche verkauft werden. Eine große Freitreppe verbindet Ober- und Untergeschoss und verweist auf die Produkte, die in der Molkerei hergestellt werden. Ihr Pendant im Außenbereich führt zur Loggia.*

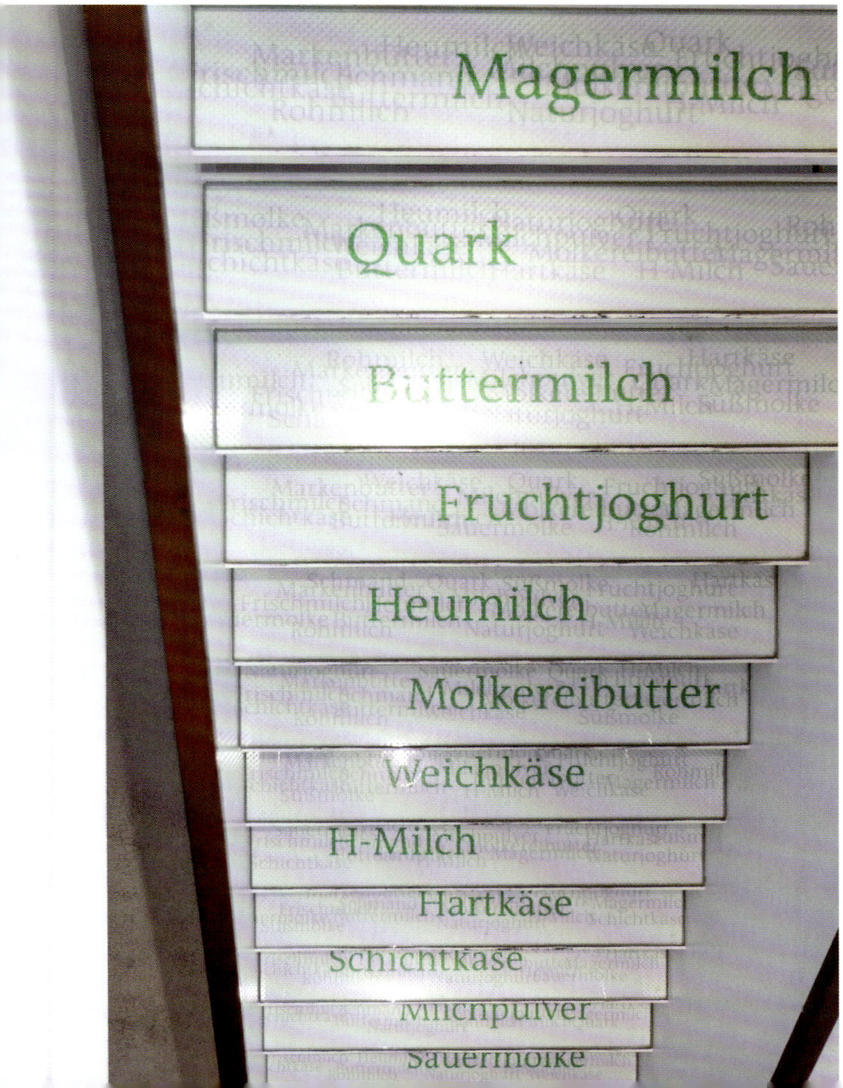
Magermilch
Quark
Buttermilch
Fruchtjoghurt
Heumilch
Molkereibutter
Weichkäse
H-Milch
Hartkäse
Schichtkäse
Milchpulver
Sauermolke

Hotel Schlossgut Schwansee
Groß Schwansee

Am Park 1 | 23942 Groß Schwansee
Fertigstellung Neubau: 2009
Architekten: kfs krause feyerabend sippel partnerschaft

Ein Schloss mit Strandzugang? Mecklenburg-Vorpommern gilt zu Recht als das Land der Schlösser und Herrenhäuser. Mehr als 1000 von ihnen sind bis heute erhalten. Viele haben eine exponierte Lage an Seen, auf Hügeln oder inmitten von Wäldern – doch nur wenige können eine solche vorweisen wie das Ensemble in Groß Schwansee. Allein durch eine kurze Lindenallee vom Strand der Lübecker Bucht getrennt, kann der Sonnenanbeter vom Park bis an den feinen Sandstrand der Ostsee wandeln.

1745 von Freiherr Wilhelm Ludwig Hartwig von Both im Barockstil erbaut, wurde das Schloss durch seine späteren Besitzer im Stil des Klassizismus umgebaut. Nach dem Zweiten Weltkrieg beherbergte es zum Teil eine Schule und ein Internat. 1998 erwarb die Silvius Dornier GmbH & Co. KG das Gelände, die nicht nur die überlieferten Gebäude aufwendig sanierte, sondern mit einem Neubau östlich vom Schloss die ursprüngliche Symmetrie der Anlage wiederherstellte. Der Komplex wird seitdem als 5-Sterne-Hotel genutzt.

Während die Modernisierung des Hauptgebäudes und des ehemaligen Reithauses sehr behutsam erfolgte und sich die neuen Elemente sehr harmonisch in die historische Bausubstanz integrieren, präsentiert sich das 2009 fertiggestellte Bettenhaus äußerlich eher kühl und geradlinig. Der Eingangsbereich ist durch das über zwei Stockwerke reichende Entree geprägt. Die Zimmer und Suiten sind modern, lichtdurchflutet und voller warmer Ausstrahlung. Einige von Ihnen bieten einen fantastischen Blick über die gesamte Schlossanlage und den Naturschwimmteich.

2005 war Schloss Schwansee Drehort für den Kinderfilm »Paulas Geheimnis«.

→ Sollte den Gästen des Schossgutes der Weg zum nahe gelegenen Strand einmal zu weit sein, lädt der großzügige Schwimmteich zum Baden ein. Im Hintergrund der Neubau aus dem Jahr 2009, der den Ostflügel des Hotelkomplexes bildet und damit (siehe nächste Doppelseite) die ursprüngliche Symmetrie der Anlage wiederherstellt.

←↑ Die behutsam in das historische Gebäude (linke Seite, oben) eingefügten Elemente – wie der Fahrstuhl und die Lampen – stehen für eine gelungene Symbiose aus alt und neu. Insgesamt überzeugt das ausgefeilte Beleuchtungskonzept, mit dem die Architekten die Anlage versehen und ihr eine warme Atmosphäre gegeben haben.

Museums- und Vereinshaus
Grevesmühlen

Kirchplatz 5 | 23936 Grevesmühlen
Fertigstellung: 2006
Architekt: Roland Schulz

Um den in Grevesmühlen ansässigen Vereinen und dem Museum der westmecklenburgischen Stadt ein Zuhause zu geben, entschloss sich die Kommune, ein 1855 errichtetes ehemaliges Schulgebäude für diesen Zweck zu sanieren und um einen Anbau zu erweitern. Das neue Museums- und Vereinshaus sollte einen Veranstaltungssaal beherbergen und behindertengerechte Zugänge zu allen Etagen haben.

Der Schweriner Architekt Roland Schulz plante einen Bau, der durch seine außergewöhnliche geometrische Form und den dunkel eingefärbten Putz einen starken Kontrast zum typischen Backsteinmauerwerk der ehemaligen Schule bildet, gleichzeitig jedoch dieses aus der Hauptblickrichtung vom Stadtpark aus nicht zu stark dominiert.

Verbunden hat er beide Gebäudeteile durch ein Treppenhaus aus Sichtbeton, das gleichsam als Gelenk zwischen diesen fungiert. Um dessen Volumen vor der hinteren Fassade der alten Schule zu reduzieren, entschloss er sich, den Baukörper jeweils oben und unten zu verjüngen.

Offensichtlich hat man in Grevesmühlen ein Herz für moderne Architektur im Allgemeinen und die Symbiose aus Altem und Neuem im Besonderen. Neben dem Museums- und Vereinshaus glänzt die Stadt mit einem Kreishaus in den Mauern einer ehemaligen Malzfabrik (siehe Seiten 46/47), dem Neubau des Amtsgerichtes und einem sanierten Speicher mit modernen Elementen. Selbst Grevesmühlens Logo zeigt stilisiert den Entwurf von Roland Schulz.

→ Beim Blick aus dem Stadtpark wird die Staffelung der drei Gebäudeteile gut sichtbar. Auf der Terrasse am Hang zum Park liegt der Veranstaltungssaal, der durch das Treppenhaus mit dem ehemaligen Schulgebäude verbunden ist. Als gehöre er zum architektonischen Gesamtentwurf dazu, ragt dahinter der Kirchturm von Sankt Nikolai auf.

Malz
Kantine

Alte Malzfabrik
Grevesmühlen

Börzower Weg 3 | 23936 Grevesmühlen
Fertigstellung: 2004
Architekten: Architekturbüro Brenncke (Joachim Brenncke), JÄGER JÄGER (Prof. Gerd Jäger)

Dass Grevesmühlen ein Geheimtipp für Architekturliebhaber ist, wurde bereits erwähnt. Auch die ehemalige Malzfabrik ist ein gutes Beispiel dafür, wie ein historisches Gebäude mit seiner schon einst außergewöhnlichen Architektur erfolgreich in die Neuzeit überführt werden kann. Sie gilt als eines der größten Industriedenkmäler des Landes. Nachdem die 1893 errichtete Fabrik noch bis 1990 Malz für verschiedene Brauereien produzierte, wurde sie bis 1993 aufwändig saniert und in ein Einkaufs- und Gewerbezentrum umgebaut. Nach einem weiteren Umbau von 2002 bis 2004 für die Verwaltung des Landkreises ist sie heute Sitz verschiedener Ämter, Institutionen und einer öffentlichen Kantine.

Der Reiz der Anlage geht eindeutig auf seine beeindruckende Funktionsarchitektur zurück. Schlanke, hohe Gebäude und die für Mälzereien so charakteristischen Darrentürme, die die Feuchtigkeit vom Grünmalz abführten, prägen den aus Backstein errichteten Komplex. Bei der Sanierung legte man Wert darauf, diese Charakteristik zu erhalten. Behutsam wurden die Glaskuben für den Eingangsbereich und die Kantine ins Ensemble eingefügt und ein zusätzliches Stockwerk auf den als Einkaufszentrum konzipierten Gebäudeteil aufgesetzt, das durch großzügige Glaselemente für einen Lichteinfall bis in die unteren Stockwerke sorgt.

Insbesondere in den Morgen- und Abendstunden, wenn das Mauerwerk durch die tiefstehende Sonne warm leuchtet und so mit den kühlen Glasflächen der Neubauten kontrastiert, ist die Malzfabrik ein optischer Leckerbissen.

← Bereits von weitem an den typischen Darrentürmen zu erkennen, besticht die Malzfabrik allein schon durch ihre schiere Größe. Dagegen nimmt sich der Anbau, der die Malzkantine beherbergt, eher unscheinbar aus.

Baumhausdorf Jugendherberge Beckerwitz
Hohenkirchen

Zur Wiek 4 | 23968 Hohenkirchen-Beckerwitz
Fertigstellung: 2012
Architekt: Kurt Herrmann

Jugendherbergen stellen sich die meisten von uns wohl so vor: als ehemalige Krankenhäuser oder Schulen mit großen Schlafsälen und einer Einrichtung, die unsere Großeltern bereits gekannt haben dürften. Doch in der Jugendherbergslandschaft ist schon seit vielen Jahren Bewegung. Den frischen Wind kann man nicht nur im Rest von Europa, in dem Jugendherbergen eine beliebte Familienunterkunft sind, sondern auch in Deutschland spüren. An vielen Orten entstehen ungewöhnliche Feriendomizile für den schmalen Geldbeutel.

Umgebaute Wetterstationen, ein ehemaliges Gefängnisgebäude oder – wie in Beckerwitz – Baumhäuser lassen die klassischen Unterkünfte für Schulklassen, Studenten und Sparfüchse in einem völlig neuen Licht erscheinen.

Gelangt man zur gut versteckt in der westmecklenburgischen Landschaft, zwischen Ostsee und Rapsfeldern gelegenen Herberge Grüne Wiek, fühlt man sich zunächst in seinen Vorurteilen bestätigt. Links der Straße liegen zwei ehemalige Landhäuser, rechts steht ein flacher Zweckbau, der den Essensaal beherbergt. Tritt man jedoch zwischen den beiden historischen Gebäuden hindurch, öffnet sich ein weites, baumbestandenes Grundstück mit Blick auf die dahinter liegenden Felder. Auf diesem wunderschönen Stück Natur verteilen sich sechs wabenförmige Stelzenhäuser – »Bienenhäuser«, wie sie liebevoll von Eva Jöhrs, der Herbergsleiterin, genannt werden. Noch so ein Klischee, das hier in Beckerwitz nicht bedient wird. Mit der sprichwörtlichen »Herbergsmutter« hat die junge Frau nichts gemein.

Die 2012 fertiggestellten »sommer|gelb« oder »licht|grün« getauften Waben bieten Platz für bis zu sechs Personen. Das verwendete Holz schafft eine warme, wohlige Atmosphäre. Der Blick aus den Fenster in die weite Landschaft ersetzt den Fernseher, den hier wohl niemand vermissen wird.

Ob Architekt Kurt Herrmann sich hier spät seinen Kindheitstraum vom Baumhaus erfüllt hat? Zimmermann Christoph Rick auf jeden Fall hat die sechs Häuser nach dessen Vorgabe aus Lärchen- und Kiefernholz gefertigt. Schließlich sollten die Unterkünfte – die mangels Heizung nur im Sommer gebucht werden können – nachhaltig und natürlich sein.

sommer|gelb

↑← Gibt sich das Äußere der Wabenhäuser vor dem Ensemble der historischen Gebäude besonders futuristisch, wirkt ihr Inneres durch die verschiedenen Ebenen und das warme Holz anheimelnd, wohnlich und einladend.

←← Vorherige Doppelseite: Inmitten der Natur Bauten, die der Natur abgeschaut sind – wie Bienenwaben wirken die Unterkünfte der nahe Wismar gelegenen Jugendherberge.

Mecklenburgische Ostseeküste

Seehotel am Neuklostersee
Nakenstorf

Seestraße 1 | 23992 Nakenstorf bei Neukloster
Fertigstellung: 2012
Architekten: Johanna und Gernot Nalbach

Es gibt in Mecklenburg-Vorpommern wahrlich viele Plätze, an denen der von Lärm und Stress geplagte Großstädter völlige Ruhe genießen kann. Dennoch findet sich ein Ort, der aus der Fülle der Angebote in ganz besonderem Maß herausragt.

Am Ufer des Neuklostersees hat der Gast des Seehotels in Nakenstorf die Qual der Wahl, wo er neben Ruhe Sonne tanken möchte – auf dem Steg, in den Lounge-Möbeln am Schilf, in den Strandkörben im Sand direkt am Seeufer, in klassischer Picknickmanier auf dem Rasen des großzügigen Areals zwischen Haupthaus, »Badescheune« und »Wohlfühlhaus«, vor der »Kunstscheune« oder – verwöhnt vom Servicepersonal – auf der zum See gelegenen Terrasse des ehemaligen Gutshauses.

Die Eigentümer, das Berliner Architektenpaar Johanna und Gernot Nalbach, haben die historischen Gebäude aus dem 19. Jahrhundert behutsam saniert und das Ensemble um die Neubauten »Badescheune« und »Wohlfühlhaus« ergänzt. Erstere nimmt in ihrer Architektur die Grundform der für die Region typischen Speicherscheunen auf, interpretiert diese jedoch völlig neu. Freiliegende rostige Träger und ein undurchdringliches Efeukleid dominieren die Fassade. Im Untergeschoss des Gebäudes hat der großzügige Pool sein Zuhause gefunden. Bodentiefe Fenster geben den Blick auf das benachbarte »Wohlfühlhaus« und den beide Gebäude verbindenden Birkenhain frei. Im Obergeschoss befinden sich die zwei Ebenen umfassenden Suiten.

Das »Wohlfühlhaus«, in dem die Architekten das Wellnesszentrum des Hotels untergebracht haben, ist trotz einer klassischen Dachform gradlinig schnörkellos gezeichnet und in eine Hülle aus vertikalen Holzlatten gekleidet. Herausragendes Detail ist die großzügige, im gleichen Stil errichtete Terrasse in Treppenform, auf der Gäste das Rauschen der Birkenblätter genießen können.

Das Seehotel besticht in seiner Gesamtheit durch die gelungene Mischung traditioneller und moderner Gebäude und aufgrund vieler liebevoller Details.

→ Eine treppenförmige Terrassenanlage, in die der Baumbewuchs integriert wurde, bestimmt das Äußere des »Wohlfühlhauses«.

Ruheraum

↑ *Von der Galerie direkt unter dem First schaut der Gast in den Wohnbereich der Suiten hinab.*

← *Bestimmend für das Design der »Badescheune« ist der dichte Efeubewuchs, der gut mit der rostigen Färbung der Stahlträger harmoniert. Auch die Beschriftung der Räume passt in diesen Gesamteindruck. Der ehemalige Trafoturm (oben links) beherbergt ein Kinderhotel.*

Universitätsbibliothek
Rostock

Albert-Einstein-Straße 6 | 18059 Rostock
Fertigstellung: 2004
Architekten: Henning Larsens Tegnestue A/S

Spätestens wenn man den 2004 vollendeten Neubau der Universitätsbibliothek in Rostock betritt, lässt sich die skandinavische Handschrift der Architekten nicht verheimlichen. Der Komplex lebt von der Kombination aus Sichtbeton und Buchenholz.

Während das Gebäude von außen durch eine simple L-Form gekennzeichnet ist, überrascht es im Innenraum mit scheinbar schwebenden Stockwerken. Diese sind jeweils in einen größeren Teil mit schier endlosen Reihen von Regalen und einen schmaleren mit individuellen Lesekabinen durch ein Treppenhaus getrennt, das vom Erdgeschoss bis in das an dieser Stelle verglaste Dach reicht. Beide Bereiche werden durch gläserne Brücken miteinander verbunden. Die Treppen wirken aufgrund ihrer gleichfalls gläsernen Geländer besonders filigran.

Bemerkenswert sind auch die unterschiedlichen Fassaden. Die zum Innenhof ausgerichteten, weniger der Sonne ausgesetzten Seiten sind komplett verglast. Die hier gelegenen Lesekabinen werden so von sanftem Licht durchflutet. Auf der Außenseite hingegen wird eine ebensolche gläserne Fassade durch vertikale Holzlatten verhüllt. Erst bei Nacht geben diese den Blick nach innen frei. Das vom warmen Holz reflektierte Licht lässt den Baukörper bernsteinartig leuchten.

Die Rostocker Universitätsbibliothek hat an den meisten Tagen bis Mitternacht geöffnet und ist als öffentliches Gebäude auch für Nichtstudenten zugänglich.

→ Besonders bei Nacht beeindruckt die Fassade der Universitätsbibliothek. Während sie im Innenhof durch große Glasflächen den Blick auf Bücher und Lesekabinen freigibt, werden diese zur Straße hin durch horizontale Holzlamellen verdeckt, die so als Sicht- und Lärmschutz fungieren (nächste Doppelseite).

←↑ Ein ausgewogenes Verhältnis der Materialien und Formen wie auch die Luftigkeit des Entwurfes bestechen im Inneren. Die drei Reihen vertikaler Einschnitte in den hölzernen Geländern scheinen Bücherregale nachzuempfinden.

HMT – Hochschule für Musik und Theater
Rostock

Beim St.-Katharinenstift 8 | 18055 Rostock
Fertigstellung: 2001
Architekten: Architekturbüro Braun & Voigt

Rostock ist einer der ältesten Universitätsstandorte in Europa. Studierende aus über 40 Nationen lernen in der Hansestadt. 550 von ihnen haben das Glück, in einem ganz besonderen Bau ihrer Ausbildung nachzugehen.

Bereits 1223 begannen Franziskaner mit der Errichtung der Klosteranlage, von der Teile den Grundstock der heutigen Hochschule für Musik und Theater bilden. Der Komplex blickt auf eine einzigartige Geschichte als Armenhaus, Schule, Lazarett, Waisenhaus und zuletzt bis 1990 als Altenheim zurück.

Von 1998 bis 2001 wurde die Anlage unter der gestalterischen Leitung des Architekturbüros Braun & Voigt aus Frankfurt/Main zu dem umgebaut, was heute zu den architektonischen Höhepunkten in Norddeutschland zählt: Die gelungene Kombination aus den sanierten historischen Gebäudeteilen des ehemaligen Katharinenstiftes und modernen Elementen erzeugt eine wohltuende Spannung, die man beim Besuch eines Konzertes im Klosterhof, in einem der verschiedenen Konzertsäle oder beim Wandeln durch die Kreuzgänge spüren kann.

→ Das großzügige Foyer zwischen Klostermauern und modernem Konzertsaal wird durch ein Glasdach überspannt. Tageslicht fällt so in die Kreuzgänge im Erd- und Obergeschoss.

→→ Auch das Bild vom Innenhof (nächste Doppelseite) zeigt das harmonische Zusammenspiel zwischen historischen und modernen Gebäudeelementen.

← ↑ Alt und neu sind im gesamten Komplex durch Glasflächen verbunden. Diese lösen die Schwere des historischen Klostergemäuers auf.

LIVE
YEHUDI
MUSIC
MENUHIN
NOW

↑ Die Gestaltung der HMT überzeugt auch im Detail: So erinnern die Beschriftungen an der Fensterfront zwischen Bibliothek und Klosterhof auf moderne Weise an die Ursprünge der Anlage. Zu lesen sind Textfragmente aus dem »Sonnengesang« des Franz von Assisi, Gründer jenes Franziskaner-Ordens, der auch das Kloster in Rostock ins Leben rief.

← Der große Saal dient den Musikstudenten nicht nur zu Übungszwecken. Regelmäßig finden hier hochkarätige Konzerte statt.

AIDA Home
Rostock

Am Strande 3d | 18055 Rostock
Fertigstellung: 2014
Architekt: Architekturbüro Tilo Ries

Mancher Rostocker ist der Meinung, dass die Stadt ihr besonderes Potential der unvergleichlichen Lage an Warnow und Ostsee nicht ausschöpft, und schaut oft wehmütig in Richtung Hamburg, wo gezeigt wird, dass ein Hafengebiet auch »sexy« sein kann.

Kürzlich jedoch hat Rostock Zuwachs bekommen, der sich leicht mit einigen Hamburger Bauten messen kann. Der neue Sitz des Rostocker Kreuzfahrtunternehmens AIDA Home bereichert seit Ende 2014 die Architekturlandschaft am Stadthafen. Der vom ortsansässigen Architekten Tilo Ries entworfene Neubau besteht aus zwei miteinander verbundenen Gebäuden und soll durch die gegeneinander verschobenen, weich geschwungenen Stockwerke das Spiel der Wellen symbolisieren.

Wer einmal früh morgens oder abends zum Sonnenuntergang Am Strande entlanggefahren ist oder auf der nahen Holzhalbinsel spazieren war, kann diese Wirkung nur bestätigen. Dann nämlich lässt die Sonne die metallene Fassade leuchten und spiegelt sich in den großen Glasflächen – ganz so, als ob Wellen im Gegenlicht glitzern.

Im Innern fällt zunächst das lichtdurchflutete »Theatrium« auf, eine Empfangshalle, deren hölzerne Tribüne für Mitarbeiterveranstaltungen genutzt wird. Die Büros und Konferenzräume haben einen unvergleichlichen Ausblick auf den Stadthafen, das am anderen Warnowufer liegende Gehlsdorf oder die östliche Rostocker Altstadt mit der Petrikirche. Highlight ist eine Dachterrasse zwischen den beiden Gebäudeteilen.

AIDA Home wird durch eine Kombination aus Erdwärme, Kompressionskältemaschine und Fernwärme beheizt und gekühlt. Für seine ressourcenschonende Bauweise wurde es im Frühjahr 2015 von der Deutschen Gesellschaft für Nachhaltiges Bauen mit dem silbernen Gütesiegel für nachhaltiges Bauen ausgezeichnet.

→ Gut zu erkennen sind die in verschiedenen Winkeln um den Mittelpunkt gedrehten Stockwerke. Die Fassade aus Glas und Metall fasziniert besonders am frühen Morgen und späten Abend zur Sonnenaufgangs- und untergangszeit, wenn sie wie in Gold gehüllt im Sonnenlicht leuchtet.

→→ Eine breite Treppenanlage (nächste Doppelseite) führt zum Eingang und zum großzügigen Foyer, dem »Theatrium«.

← ↑ Die größte Auskragung hat das Gebäude, bedingt durch den Grundriss der einzelnen Etagen, an der Nordostseite, zur Holzhalbinsel hin. Der »Theatrium« genannte Eingangsbereich wirkt wie ein eingeschobener Quader.

AIDA

← *Das »Theatrium« dient nicht nur als Empfangsraum für Gäste und als Aufenthaltsbereich während Arbeitspausen. Es wird auch als Schulungsraum für Mitarbeiter genutzt, die auf den Stufen der hölzernen Treppe Platz finden.*

Besonders stolz ist Architekt **Tilo Ries**, dass tatsächlich regelmäßig Meetings und Schulungen der Mitarbeiter im »Theatrium« des AIDA-Gebäudes stattfinden – so wie er es in seinem Entwurf vorgesehen hatte.

Kolumbarium Neuer Friedhof
Rostock

Eingang Satower Straße, an den Feierhallen links
18050 Rostock
Fertigstellung: 2008
Architekten: Hass + Briese Bürogemeinschaft freier Architekten

Ein Friedhof ist ganz sicher nicht der erste Ort, an dem der Architekturinteressierte nach außergewöhnlichen Objekten sucht. Auf den meisten Ruhestätten befinden sich die üblichen Kapellen, in denen Freunde und Verwandte von ihren Lieben Abschied nehmen. Und meist reiht sich in den neueren Bereichen der Begräbnisstätten uniform Urnengrab an Urnengrab.

In Rostock steht jedoch ein für die Neuzeit ungewöhnliches Gebäude – ein Kolumbarium. Ursprünglich der Begriff für einen Taubenschlag, wurde dieser auch auf römische Grabkammern mit ihren neben- und übereinander angeordneten Urnen angewandt.

Genau genommen ist das Kolumbarium heute also ein Aufbewahrungsort für Urnen. Dieser Funktion folgend, stattete man den Bau auf dem Neuen Friedhof in Rostock in seinem Innern mit hölzernen Regalen aus, deren Lisenen – vertikale Verstärkungen – bis in das Dach hinaufreichen. In seinem Zentrum befindet sich ein quadratisches Holzmöbel, das in seiner Mitte Vasen für Blumen enthält, während der umlaufende Rand als Bank gestaltet ist, die zum Verweilen, zum Zwiegespräch, zum Abschiednehmen einlädt.

Die Außenhaut besteht aus vorgefertigten Betonelementen, die mit schwarzen Eternitplatten verkleidet sind. Zwischen diesen Elementen verlaufen jeweils bis in das Dach hinein schmale Streifen Glas, die der Besucher sinnbildlich mit der Verbindung in den Himmel gleichsetzen kann. An drei Seiten des Pyramidenstumpfes befinden sich große Glastüren, während auf der vierten Seite ein großes Fenster den Ein- und Durchblick durch das Gebäude erlaubt und so die Verbindung zwischen der Welt der Lebenden und jener der Verschiedenen symbolisiert. Beeindruckend ist der Moment, wenn die Sonne hinter dem Gebäude steht und ihre Strahlen durch die Glaselemente hindurch bis auf die andere Seite schickt.

→ Am Ende eines Friedhofsweges ragt das Kolumbarium empor. Seine Architektur und soll auch die Verbindung von Irdischem und Himmlischem symbolisieren.

← ↑ *Während der Bau von außen durch Form und Farbe wie ein Grabmal erscheint, wirkt er innen durch seine helle, lichtdurchflutete Luftigkeit freundlich und tröstend.*

Wohnhäuser Fischerbruch
Rostock

Fischerbruch 27 und 28 | 18055 Rostock
Fertigstellung: 2006
Architekt: Christian Blauel

Dem Einheimischen und Besucher bleibt es nicht verborgen: Zwischen Warnow und östlicher Stadtmauer, zu Füßen der Petrikirche, tut sich etwas in Rostock.

Im Mittelalter durch seine besondere Lage das Zuhause für die Fischer und Gerber der Hansestadt, wurde das Gebiet im Zweiten Weltkrieg bis auf wenige Gebäude zerstört und danach zunächst nicht wieder aufgebaut. Erst jetzt werden in diesem spannenden Areal im größeren Stil neue Wohnhäuser errichtet. Der Herausforderung des häufig von Überschwemmungen betroffenen Bereiches wird mit dem Anlegen von Kanälen begegnet.

Doch schon lange bevor diese umfangreichen Bauvorhaben in Angriff genommen wurden, gab es in den Straßen am Warnowufer zwischen den wenigen verbliebenen historischen Gebäuden Neubauten.

Bereits 2006 stellte sich der Rostocker Architekt Christian Blauel der Aufgabe, ein weitgehend flutsicheres Wohngebäude im Fischerbruch zu errichten. Wie bei historischen Häusern in dieser Lage brachte auch er die Nutzflächen seiner beiden Häuser im gefährdeten Erdgeschoss unter und stattete diese mit Materialien aus, denen das Flutwasser wenig anhaben kann, während sich die eigentlichen Wohnräume in den geschützten Geschossen darüber befinden.

Blauel hatte jedoch den Ehrgeiz, noch weiter zu gehen. Sein Entwurf sollte nicht nur die besonderen Witterungsbedingungen berücksichtigen, sondern auch energiesparend und damit außerordentlich nachhaltig konzipiert sein. Die beiden Haushälften sind als Passiv- und als KfW 60-Haus ausgelegt, womit sehr energiesparende Gebäude bezeichnet werden.

Vorbeischlendernden Spaziergängern fallen vor allem die abwechslungsreichen Materialien und die strahlenden Farben der Fassade auf, die in der oftmals eingeschränkten Farbenwelt der Innenstadt einen wohltuenden Gegenpol bilden.

→ Selbst ein Garagentor kann sich angenehm in die Gestaltung einer Hausfassade einfügen. Die Maxime, das Schöne mit dem Nützlichen zu verbinden, ist in Rostock am Fischerbruch in Architektur umgesetzt worden.

Fischerbruch 27

Haus Futurarc 1
Rostock

Kapitän-Hahn-Weg 5 | 18119 Rostock
Fertigstellung: 2014
Entwurf: Holger Borgwardt

Zu den Wahrzeichen von Warnemünde, die Kreuzfahrern beim Anlegen am Passagierkai auf Anhieb ins Auge fallen, gehört seit 2014 neben dem Ulrich-Müther-Klassiker – dem Teepott – und dem historischen Leuchtturm auch ein ungewöhnliches Privathaus. Im Vergleich zu den architektonischen Klassikern des Ostseebades nimmt sich Holger Borgwardts Entwurf überaus futuristisch aus. Sich dessen wohl bewusst, nennt er den mutigen Entwurf denn auch passend »Futurarc 1«. Während die einen ein U-Boot assoziieren, das im Marinehafen von Hohe Düne vor Anker gegangen ist, sehen andere einen von George Lucas' Sternenkreuzern in dem ungewöhnlichen Bau. Der Architekt, Bauherr und Eigentümer mag es dabei jedoch weniger kriegerisch. Er kann sich am besten mit der Vorstellung anfreunden, dass ein Raumschiff im Kapitän-Hahn-Weg gelandet ist.

Dennoch, so sagt er, stand am Anfang des Projektes keine Vision wie bei vergleichbaren Bauwerken. Lediglich die Form des Grundstückes bestimmte den ungewöhnlichen Grundriss. Von diesem ausgehend konstruierte Borgwardt einen einzigartigen Baukörper aus Glas- und Sichtbeton. Die graue Farbe des Baumaterials, die hölzernen Terrassen und der Fußboden in den insgesamt vier Wohnungen wecken dennoch Assoziationen an den Kriegsschiff- oder Yachtbau. Auch der scharfe, exakt nach unten gezogene Giebel unterstreicht diesen Eindruck. Ziel des Entwurfes war es jedoch vor allem, Wohnräume zu schaffen, die ganztägig vom Sonnenlicht durchflutet werden, während die Schlaf- und Badezimmer durch ihre kleinen rechteckigen Luken wohltuenden Schatten spenden.

← Trotz seiner zum Teil großzügigen Verglasung wirkt Futurarc 1 durch den Einsatz von Sichtbeton, die kleinen »Luken« im Bereich der Schlaf- und Badezimmer und die bläulich schimmernden Fenster ein wenig kühl und abweisend.

→ *Die äußere Kühle steht im Gegensatz zur hellen, warmen Atmosphäre innen, die der Bau- und Hausherr durch gezielte Farbtupfer belebt hat.*

Holger Borgwardt, Dipl.-Ing. (FH) für Architektur, steht der Stolz über seinen polarisierenden Entwurf ins Gesicht geschrieben. Oft jedoch muss er zu aufdringliche Zaungäste höflich bitten, die Privatsphäre der Bewohner zu respektieren.

Fischland-Darß-Zingst

Haus »Seefeuer«
Wustrow

An der Nebelstation 3 | 18347 Ostseebad Wustrow
Fertigstellung: 2012
Architekt: Michael Müller

Viele Urlauber sehen die Strecke zwischen Dierhagen und Wustrow als Etappe an, die man nun mal zu überwinden hat, bevor man »richtig« auf der Halbinsel Fischland-Darß-Zingst angelangt ist. Hier, wo sich die Landzunge am schmalsten zeigt, ist die Strecke links und rechts von hohen Bäumen gesäumt, die nicht viel von dem preisgeben, was hinter ihnen verborgen ist – rechts ausgedehnte Weiden mit dem direkt angrenzenden Bodden, links eine dichtgedrängte Reihe Ferienhäuser und kleinere Hotels unmittelbar am Deich. Viele dieser Häuser stammen noch aus DDR-Zeiten. Einige von Ihnen sind bereits liebevoll saniert.

Damit hat sich der Eigentümer vom »Seefeuer« nicht zufriedengegeben. Vielmehr sollte das Haus mittels moderner Anbauten zusätzliche Wohnqualität erhalten. Das ursprünglich in typischer Backsteinbauweise errichtete Gebäude wurde mit großzügigen Dachfenstern, großen Terrassentüren und einer gläsernen Veranda geöffnet. Zwei Balkone und die darunter liegenden Terrassen bilden zudem die Brücke in den Außenbereich. Komplett neu ist der in Holz gekleidete Westflügel des Ensembles, der dem Objekt eine L-Form verleiht. Während sich dieser von außen dem Haupthaus optisch unterordnet und schnörkellos wirkt, beeindruckt er im Innern mit einer Galerie, von der aus der Blick hinunter in die Küche und auf die gläserne Veranda mit dem Kamin fällt.

Aus vielen Zimmern des Obergeschosses hat der Besucher einen fantastischen Blick auf den Bodden oder über den Deich hinweg auf die Ostsee.

→ Ein Fenster vor dem Kamin mit Blick auf den Baugrund erinnert den Gast des Hauses daran, dass das Gebäude auf Sand errichtet ist.

↑ *Im Inneren kontrastiert das dunkle Holz mit der hellen Farbgebung der Wandbereiche.*

← *Die verschiedenen Anbauten, die dem ursprünglichen Gebäude hinzugefügt wurden, fallen in ihrer Formensprache zurückhaltend aus. Sie erhöhen den Wohnwert der Ferienwohnungen jedoch enorm, auch weil sie für eine stärkere Verbindung von Innen und Außen sorgen.*

↑ → Highlight des Anbaus ist unbestritten die Galerie oberhalb von Küche und Wintergarten, die im Dachgeschoss Badezimmer (rechte Seite, unten) und Schlafraum miteinander verbindet.

→ Die hell wirkende Küche (rechte Seite, oben) erhält auch aus den Dachfenstern Licht.

Kunstmuseum
Ahrenshoop

Weg zum Hohen Ufer 36
18347 Ostseebad Ahrenshoop
Fertigstellung: 2013
Architekten: Staab Architekten

Mecklenburg-Vorpommern wird seit jeher durch zwei Dinge geprägt: das Land und das Wasser, Letzteres in Gestalt der Ostsee, aber auch unzähliger Seen, Flüsse und Bäche. Während am Wasser Fischer, Bootsbauer und Seeleute ihr Auskommen fanden, wurde die riesige Fläche des Landes von Bauern bewirtschaftet. Diese prägten eine für den Norden typische Architektur. Ein Hof bestand zumeist neben dem Wohnhaus aus verschiedenen Nebengebäuden für Nutztiere und Vorräte. Derartige – oft reetgedeckte – Gebäudeensembles inspirierten den Berliner Architekten Volker Staab zu seinem Entwurf des neuen Kunstmuseums in Ahrenshoop.

Das folglich auf historische Vorbilder anspielende Bauwerk wirkt dennoch durch seine geradlinige Gestaltung sehr modern. Fünf einzelne Gebäude, die durch eine Lobby miteinander verbunden sind, bilden die Ausstellungsräume. Dabei sind die mit einer an Reet erinnernden Messingverkleidung bedeckten Stahlbetonkörper nach oben offen. Die im Dach verbauten, mit Prismen bestückten Glasflächen sorgen für eine schattenlose Ausleuchtung der Galerieräume. Nur wenige Fenster ergänzen diese ausgeklügelte Beleuchtung.

Die metallene Fassade oxidiert – und altert wie sein organisches Pendant, das Schilfrohr. Auch dieses dunkelt mit den Jahren nach und verschmilzt so immer stärker mit seinem Umfeld.

Klimatisiert wird das Museum durch Geothermie. 24 Sonden, die bis in 90 Meter Tiefe reichen, ermöglichen eine zeitgemäße und nachhaltige Wärmeversorgung des außergewöhnlichen Baus. Neben stetig wechselnden Ausstellungen zeitgenössischer und historischer Künstler der Region laden ein Café und ein stets gut gelauntes Team zum Verweilen in der freundlichen Atmosphäre des Hauses ein.

→ Bereits in ihrer Bauform erinnern die Gebäudeteile des Museums an Reetdachscheunen. Aber auch die metallenen Fassaden nähern sich der Struktur von gebündeltem Schilfrohr an.

KUNSTMUSEUM
AHRENSHOOP
KUNSTMUSEUM
AHRENSHOOP
KUNSTMUSEUM

← ↑ Alle Gebäude sind durch in das Ensemble integrierte Gänge miteinander verbunden. Nur wenige Fenster vermitteln zwischen Innen und Außen. Beleuchtet werden die Räume vor allem durch die verglasten Dachöffnungen.

KASSE

↑ **Marion Müller-Axt**, kaufmännische Leiterin des Kunstmuseums, sieht sich vor allem als Gastgeberin. Ein kleines Café lädt den Besucher dazu ein, auch außerhalb der Hochsaison Kultur und Kulinarik miteinander zu verbinden.

← *Die Innenarchitektur ist zurückhaltend, um den Exponaten volle Aufmerksamkeit zu sichern. Lange Bänke laden zum Verweilen und zu intensiverer Beschäftigung mit den Werken ein.*

Reetdachhaus in Kuppelform
Ahrenshoop

Dorfstraße | 18347 Ostseebad Ahrenshoop
Fertigstellung: 2012
Architekt: Roland Nörpel

Dieses Haus polarisiert – Fachleute, Touristen und auch Gemeindevertreter; eigentlich jeder, der es zum ersten Mal entdeckt, ist hin- und hergerissen. Damit wäre der Sinn spannender Architektur erreicht. Auf der einen Seite soll diese Räume schaffen. Zum Leben. Zum Arbeiten. Sie soll gleichzeitig aber auch das Auge reizen, »stören« und neugierig machen. Und dieses Haus macht neugierig.

Unübersehbar steht es an der Dorfstraße in Ahrenshoop, von Bauherr und Architekt liebevoll »Vanillekipferl« getauft. Die Form des in sich gebogenen Baukörpers hat sicher zu dieser Bezeichnung geführt. Dabei war die ursprüngliche Vision eine ganz andere, weniger kulinarische. Der aus einem Holzständerwerk gefertigte Baukörper sollte die kulturellen und landschaftlichen Einflüsse des Ortes aufnehmen und in sich widerspiegeln.

An diesem Haus ist alles individuell. Bedingt durch die kugelförmig gebogene Außenhaut, die fast vollständig von Reet – dem traditionell als Dachdeckung verwendeten Schilfrohr – überzogen ist, gibt es keine Standard-Bauelemente. Jedes Teil ist eine Einzelanfertigung – von der Fußbodenleiste bis zu der riesigen Glasfläche in der Mitte des Daches, die das Gebäude am Tag mit Licht durchflutet und nachts den Blick auf den unendlichen Sternenhimmel freigibt.

Dieses Haus ist zur Erholung geschaffen, zum Durchatmen, hier kann man den Verstand durchpusten und die Seele baumeln lassen. Ein großer Raum zum Sitzen, Lesen oder in die Ferne Schauen wird flankiert von einem Kaminzimmer mit nahezu halbkugelförmiger Decke. Auch die Küche ist offen zum Wohnraum und befördert so Gespräche nicht nur über Essen und die einzigartigen Blicke auf die Ostsee. Ein weiterer Höhepunkt ist die große Terrasse, die sich insbesondere der warmen Abendsonne entgegenstreckt.

Damit der Eigentümer des Hauses nicht in aller Stille für sich allein genießen muss, laden zwei Gästezimmer mit jeweils eigenem Bad Familie und Freunde zu einem Besuch in Ahrenshoop ein.

Wer durch das Ostseebad kommt, sollte folglich dieses Haus als das betrachten, was es ist – eine nicht nur handwerkliche Meisterleistung aller an Entwurf und Bau Beteiligten.

↑ → *Während das Vanillekipferl am Tage durch sein großes Kuppeldach von Sonnenlicht durchflutet wird (siehe vorherige Doppelseite), gibt dieses nachts den Blick auf den Sternenhimmel frei. Das große Glasbild, das Entree und Badezimmer voneinander trennt, ist von einem mit dem Hausbesitzer befreundeten Künstler entworfen worden.*

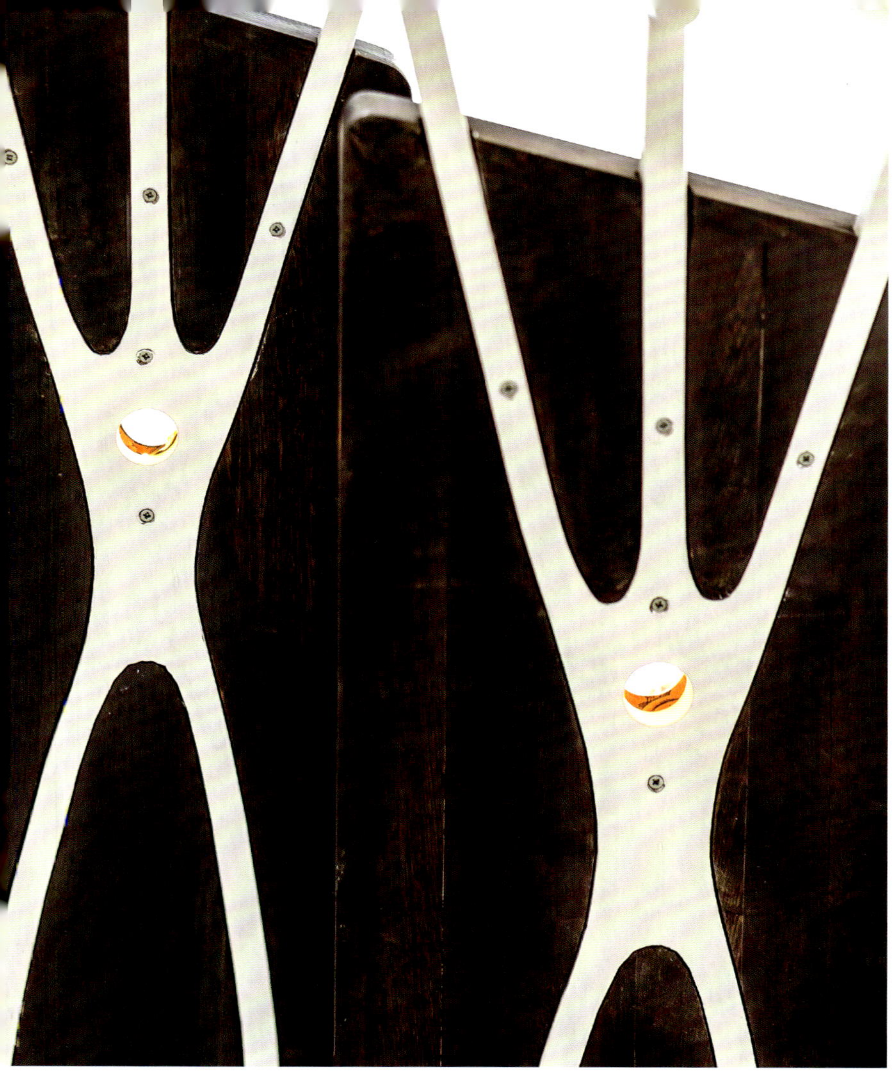

↑ → → Die kristalline Form der Glasdachstreben zeigt sich ebenfalls im Schattenfall an den Wänden (siehe auch die nächste Doppelseite). Sie steht beispielhaft für ein Haus, in dem Formen aus der Natur in die Architektur übernommen wurden.

← Einzigartig bin ins letzte Detail: Kein Einrichtungsstück kommt »von der Stange«. Die hölzernen Treppenstufen werden von einer Konstruktion gehalten, die an das Markenzeichen eines großen italienischen Sportwagenherstellers erinnert.

Scheunentrio
Prerow

Grüne Straße 29 | 18375 Ostseebad Prerow
Fertigstellung: 2013
Architekten: Norbert Möhring

Der Bebauungsplan für Prerow sieht Gebäude mit typischer Dachform und Reetdeckung vor. Wer Architekt Norbert Möhring kennt, weiß, dass man selbst mit diesen Parametern von ihm keinen Klon eines typischen Darß-Hauses erwarten darf. Allerhöchsten kopiert er sich selbst – und das ist durchaus positiv gemeint.

Seine Handschrift ist bei Entwürfen der letzten Jahre klar zu erkennen: Immer wieder findet sich die klassische Dachform, das bis in den First reichende Atrium oder die häufig über mehrere Stockwerke sich erstreckende Verglasung. Vergleichsweise neu hingegen ist für ihn der beim Scheunentrio zu beobachtende Verzicht auf die Traufe und das bei den drei Gebäuden bis in die Fassaden gezogene Reetdach.

Innen leben die Räume von ihrer Höhe und den großen Glasflächen. Häufig finden sich auch Galerien in den meist als Ferienresidenz genutzten Häusern. Es ist wohl diese Mischung aus modernen Designelementen und natürlichen, für die Region typischen Baumaterialen, die Norbert Möhrings Entwürfe für seine Auftraggeber so reizvoll macht.

→ Das Scheunentrio im Prerower Grünen Weg im »Winterkleid«. Die hölzernen Läden verschließen die Gebäude vollständig und bieten so auch bei heftigen Wetterunbilden Schutz.

29b

← ↑ Traditionelle Formen neu interpretiert: Das Scheunentrio passt sich seinem Umfeld an, drängt sich nicht auf – und zeigt doch, wie modern und ungewöhnlich auf historischen Vorbildern fußende Architektur sein kann.

← Geöffnet geben die großen Tore den Blick auf das über zwei Stockwerke reichende Atrium frei (linke Seite, oben) – eines der Markenzeichen des Architekten Norbert Möhring.

← ↑ *Das offene Treppenhaus lässt die »Scheunen« trotz ihres moderaten Grundrisses herrschaftlich und großzügig wirken. Die hellen Farben unterstützen das außergewöhnliche Raumgefühl.*

Max Hünten Haus
Zingst

Schulstraße 3 | 18374 Ostseeheilbad Zingst
Fertigstellung: 2011
Architekt: Hass + Briese Bürogemeinschaft freier Architekten

Zingst ist – wie alle anderen ehemaligen Fischerdörfer auf der Halbinsel Fischland-Darß-Zingst – heute ein typischer Urlaubsort. Gut besucht in den Sommermonaten, in denen sich Urlauber an Strand und Bodden drängen, segeln oder Fahrrad fahren, geht es im Winter und in der Nebensaison vergleichsweise beschaulich zu. Dies ändert sich alljährlich jedoch schlagartig im Mai. Dann reisen mehr als 35 000 Fotoenthusiasten an. Wohl kaum ein anderer Ort in Deutschland hat sich in den vergangenen Jahren so intensiv um die Fotografie verdient gemacht wie Zingst. Die Kurverwaltung hat es geschafft, dass die Besucherzahlen eines der größten Fotofestivals der Republik jedes Jahr beeindruckender ausfallen. Innerhalb einer Woche wird eine Vielzahl an Vorträgen, Multimediashows, Fotokursen und Ausstellungen geboten.

Um den fotobegeisterten Besuchern des kleinen Ortes hinter dem Deich auch außerhalb des Festivals einen festen Anlaufpunkt für ihre Leidenschaft bieten zu können, hat die Gemeinde 2011 das Medienzentrum »Max Hünten Haus« eröffnet. Unter der Leitung des Architektenbüros Hass + Briese aus Rostock entstand ein Domizil für eine Galerie, zwei Bibliotheken, eine Touristen-Information, mehrere modern ausgestattete Schulungs- und Konferenzräume und das Printstudio Zingst, in dem Fotografen ihre Aufnahmen großformatig drucken können. Die Linienführung des »MAX« – wie es inzwischen liebevoll genannt wird – ist schnörkellos, sachlich. Betritt man das Haus, so empfangen einen die Einbauten der Rostocker Innenarchitektin Peggy Kastl. Organische Formen und die natürliche Wärme des verwendeten Holzes lockern die strengen Linien des Baukörpers auf und schaffen Inseln zum Verweilen und Entdecken. Die horizontalen Holzleisten sind mittlerweile zum Markenzeichen von Kastl geworden.

→ Das »MAX« besteht aus insgesamt drei Gebäudeteilen, die so angeordnet sind, dass sich die Fassade harmonisch ins Ortsbild einpasst, während der gesamte Komplex ausreichend Platz für Bibliothek, das EPSON Printstudio, die Fotoschule und viele Seminar- und Konferenzräume bietet.

MAX HÜNTEN HAUS ZINGST
PRINTSTUDIO ZINGST
powered by EPSON
EPSON

↑ → *Die organisch geschwungenen Einbauten leiten den Besucher auf seinem Weg durch die Bibliothek und »beruhigen« den Raum. Innerhalb der hölzernen Nischen befinden sich Sitzbänke, die zum Verweilen und Lesen einladen.*

↑ **Peggy Kastl** zeichnet für die Gestaltung der Innenräume verantwortlich. Neben dem Max Hünten Haus hat sie in Zingst auch das Haus Lambrecht und die neue Touristinformation im alten Bahnhof gestaltet.

Haus des Gastes – »Ballastkiste«
Barth

Am Osthafen | 18356 Barth
Fertigstellung: 1999
Architekt: Reinhard Löffler

Barth, die Stadt am Bodden, ist für viele Urlauber nur Durchgangsstation auf dem Weg über die Meiningenbrücke zu den Ostseebädern auf Darß und Zingst. Das hat die mittlerweile 760 Jahre alte Vinetastadt nicht verdient. Sicher, der kleine Hafen, von dem im Sommer aus Fahrgastschiffe zu Touren auf den Bodden starten, bietet nicht den Glamour eines Yachthafens. Barth überzeugt vor allem mit seiner liebevoll restaurierten historischen Innenstadt. Der Verkehr ist beruhigt – und so kann man hier entspannt seinen Kaffee direkt an der kopfsteingepflasterten Hauptstraße genießen.

Beispiele moderner Architektur finden sich dennoch. Sitz des Hafenmeisters, der Wasserschutzpolizei und der Tourist-Information ist das »Steuerhaus« auf dem Gebiet der ehemaligen »Ballastkiste«. Es wurde, wegen des Untergrundes, auf Pfählen errichtet und besteht aus einer Stahlkonstruktion, die mit einer Fassade aus Glas und Holz versehen ist. Die Form des Entwurfes erinnert tatsächlich an das Steuerhaus moderner Schiffe. Die großzügig verglaste, zum Wasser ausgerichtete Spitze verkörpert dabei die Brücke des Schiffes, der zur Stadt hin liegende, mit Holz verkleidete Teil wirkt wie der Schornstein eines Ozeanriesen.

Hinter dem Haupthaus steht ein weiteres Gebäude mit Metallfassade, das die Serviceräume für Bootsreisende beherbergt. Dazwischen ragt eine Stahlkonstruktion auf, die an Ladekrane erinnert. Von hier hat man einen schönen Blick vorbei an Fischkuttern hinüber zum »Hotel Speicher«.

→ Wie ein Schiffsbug ragt die Spitze des Daches in den Himmel über dem Barther Hafen. Auch die Holzbeplankung auf der Unterseite des Dachüberstandes erinnert an einen Bootskörper.

Barth
Information

Herzlich Willkommen
Stadthafen Barth
10a
Hafeninformation
Hafeninformation
LIKEDEELER

←↑ *Die beiden »Flügel« des hinteren Gebäudeteils sind wie Schiffsschornsteine geformt. Das Stahlgerüst zwischen der Tourist-Information und dem dahinter befindlichen Servicegebäude hat keinen praktischen Nutzen. Die Konstruktion erinnert an Ladekrane auf Frachtschiffen.*

Hotel Speicher
Barth

Am Osthafen 2 | 18356 Barth
Fertigstellung: 1997
Architekten: Giencke & Company Architects

Nur wenige Meter von der Barther Tourist-Information entfernt, getrennt durch ein Hafenbecken und eine alte Verladebrücke, liegt der ehemalige Speicher, der fast 100 Jahre lang Getreide in seinem Innern aufbewahrte, das auf den fruchtbaren Feldern des Hinterlandes geerntet worden war. Bereits zwei Jahre nachdem man die ursprüngliche Funktion des Gebäudes aufgegeben hatte, begann unter Leitung des Architekturbüros Giencke & Company aus Graz der sanfte Umbau des Zweckgebäudes in ein Vier-Sterne-Hotel.

Dabei wurden lediglich die technischen Einbauten entfernt. Selbst die hölzernen Wände der Kornsilos sind erhalten geblieben. Diese, durch die Bewegung des Getreidekorns im Innern geglättet, bilden heute die Wände der Zimmer. Die im Gebäude vorhandenen Treppen wurden lediglich gereinigt und präsentieren sich wie vor einem Jahrhundert. Die ehemaligen Schütten der Silos ragen in den Restaurantbereich hinein und bilden mittlerweile Lichtschächte.

Die modernen Anbauten beschränken sich auf die kleinen Balkone auf der Ost- und Westfassade, die spiralförmige Feuertreppe im Süden und den wie ein Schiffsbug wirkenden Glasanbau im Norden, der die sogenannten Wintergartensuiten des Hotels beherbergt.

Ein zusätzliches Stockwerk bildet den oberen Abschluss des Hauses. Hier hat man von den Deluxe-Suiten einen traumhaften Blick auf den Barther Hafen und kann den Sonnenuntergang mit einem Glas Sekt in der freistehenden Badewanne genießen.

→ Direkt am Hafenbecken genießen die Hotel- und Restaurantgäste den Blick auf die Segelboote und Ausflugsschiffe. Am Nordgiebel ragen die sogenannten Wintergartensuiten hervor, von denen man einen ungestörten Blick über den Bodden hat. Ebenfalls gut zu erkennen ist das aufgesetzte Dachgeschoss, das weitere Suiten beherbergt.

HOTEL SPEICHER BARTH

↑ *Auch im Restaurant versteckt das Gebäude seinen ehemaligen Nutz-Charakter nicht.*

← *Es fällt nicht schwer sich vorzustellen, sein Bad mit diesem traumhaften Blick über den Hafen und die Altstadt von Barth zu genießen, nachdem man im Restaurant des Hotels kulinarisch verwöhnt wurde.*
An Kreuzfahrtschiffe erinnern die Anbauten, die dem alten Gemäuer hinzugefügt wurden.

Stralsund, Rügen und Hiddensee

Ozeaneum
Stralsund

Hafenstraße 11 | 18439 Stralsund
Fertigstellung: 2008
Architekten: Behnisch Architekten

Ist zum Ozeaneum nicht bereits alles gesagt und geschrieben worden? Ohne Zweifel ist der Neubau am Hafen der Hansestadt Stralsund eines der bedeutendsten Beispiele moderner Architektur in Deutschland. Für die Erweiterung des Meeresmuseums, dessen Ausstellungräume sich inmitten der historischen Innenstadt in einem Kloster befinden und am bestehenden Standort nicht erweitert werden konnten, war 2002 ein internationaler Wettbewerb ausgeschrieben worden.

Häufig werden Projekte dieser Größenordnung von ausländischen Architekturbüros gewonnen. Nicht so im Fall des Ozeaneums. Den ersten Platz erzielte der visionäre Entwurf der beiden Architekten Elke Reichel und Peter Schlaier des Stuttgarter Büros Behnisch Architekten. Die vier amorphen Baukörper mit ihren markanten weißen – an im Wind flatternde Segel erinnernden – Fassaden sollen am Strand liegende Steine symbolisieren, die vom Meerwasser umspült werden.

Dass sich diese Fassaden so leicht und fließend um das Ozeaneum schlingen können, ist der Rüganer Firma flz und der Vision ihres Geschäftsführers Martin Hurtienne zu verdanken. Die Fassade des Ozeaneums gilt als ingenieurtechnische Meisterleistung des Lauterbacher Unternehmens. Seit der Beteiligung am neuen Wahrzeichen Stralsunds wird die Firma weltweit zur Umsetzung der Ideen hochkarätiger Architekten herangezogen. Martin Hurtienne: »Wenn gestalterisch stark auffallende und prägende Bauteile zum Einsatz kommen, sind wir gefragt. Manchmal auch dort, wo andere aufgeben.«

→ Die Fassade des Ozeaneums wirkt aus jeder Perspektive spannend. Die Lage direkt am Hafenbecken garantiert außerdem viel maritime Atmosphäre. In der Nähe liegt das ehemalige Segelschulschiff »Gorch Fock I« vor Anker und nur wenige hundert Meter entfernt strebt die den Strelasund überspannende Rügenbrücke gen Himmel.

→→ Nächste Doppelseite: Auch beim Ozeaneum fügt sich die moderne Architektur auf überzeugende Weise in die alte Bebauung ein.

PAUSCH BISTRO

→ Die Wellen aus Stahl sind mit Stahlkonsolen und Stahlträgern am Baukörper befestigt. Dahinter verbergen sich die Fluchttreppen, die bis in die obersten Stockwerke reichen. Auch im Innern besticht der Museumsbau mit außergewöhnlichen Lösungen wie der längsten freitragenden Rolltreppe Europas. 30 Meter misst sie und ist damit fast so lang wie ein Blauwal werden kann.

Als studierter Schweißfachingenieur hat es **Martin Hurtienne** sich nicht nehmen lassen, in den engen Räumen zwischen den Baukörpern und den Fassaden jede einzelne Schweißnaht auf ihre korrekte Ausführung hin zu prüfen.

tzung der meere

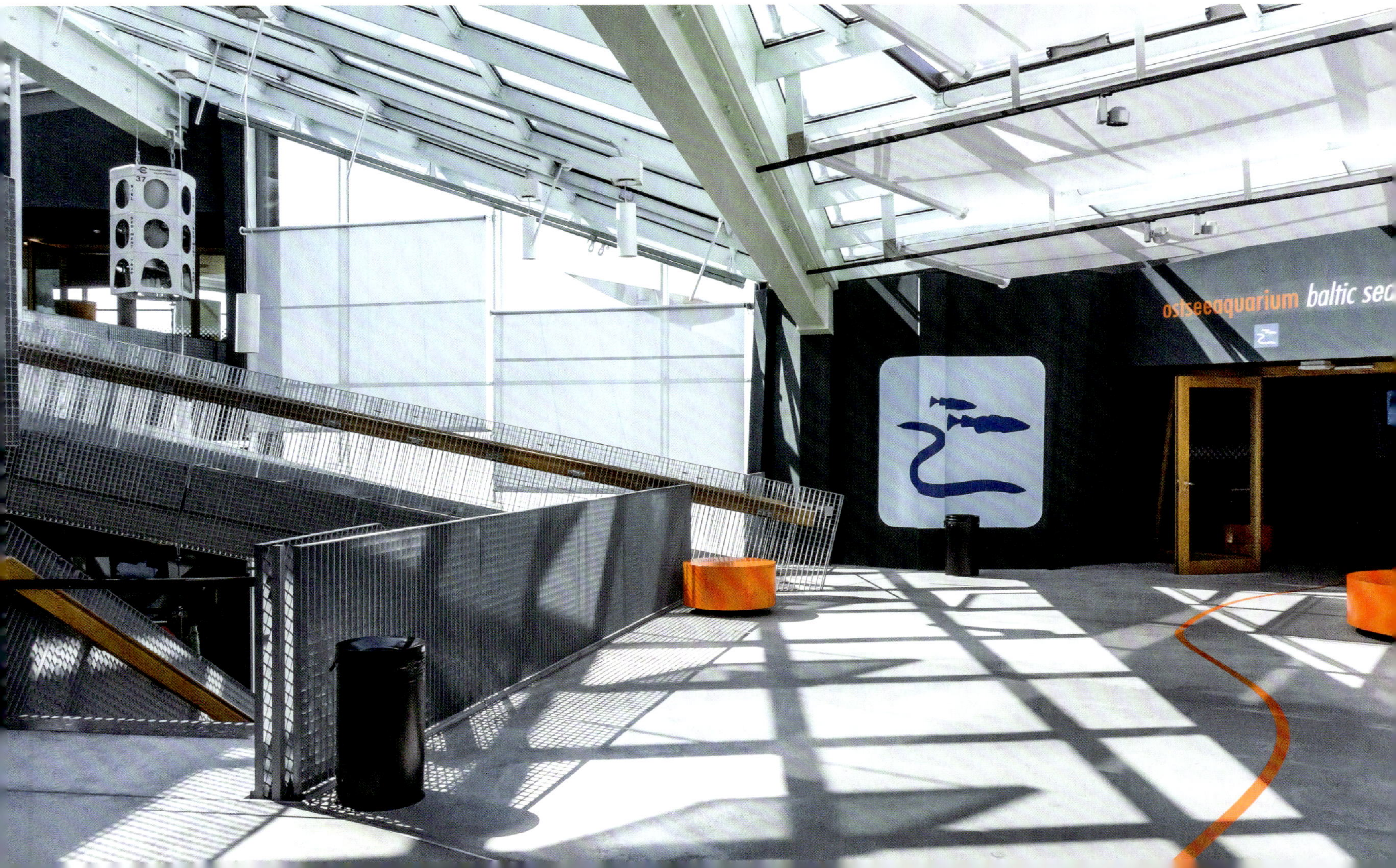
ostseeaquarium baltic

↑ *20 Tonnen wiegen die 30 Zentimeter dicken Acrylglasscheiben, die Besucher von Sandtigerhai, Ammenhai, Rochen und 2,6 Millionen Liter Meerwasser trennen.*

← *Am Ende des Rundgangs durch das Ozeaneum genießen Besucher in Liegestühlen den Blick auf von der Decke hängende Nachbildungen verschiedener Wale in Lebensgröße.*

Neue Rügenbrücke
Stralsund

Stralsund | Altefähr (Rügen)
Fertigstellung: 2007
Architekt: André Keipke und Ingenieurgesellschaft Schüßler-Plan

Bis 2007 gab es zwei (auch heute noch existierende) Möglichkeiten für Einheimische und Urlauber, bequem auf Deutschlands größte Insel zu gelangen – den 70 Jahre alten Rügendamm, der neben Autos auch Fußgängern, Radfahrern und der Eisenbahn die Überquerung des Strelasunds ermöglicht, und die kleine Fähre, die zwischen Stahlbrode auf dem Festland und Glewitz auf der Insel verkehrt. Schon vor dem Fall der Mauer eines der beliebtesten Urlaubsgebiete an der Ostsee, avancierte Rügen in den Jahren danach zum boomenden Ziel für Urlauber aus ganz Deutschland und zum Wochenenddomizil für viele alte und neue Hauptstädter. Deren Anreise wurde mehr und mehr zum Geduldsspiel, waren doch die alten Wege auf die Insel dem Ansturm nicht gewachsen – zumal die in den Rügendamm integrierte Ziegelgrabenbrücke immer wieder für den Schiffsverkehr geöffnet werden musste, was zu langen Wartezeiten führte.

Im Oktober 2007 feierten nach drei Jahren Bauzeit 250 000 Besucher die Fertigstellung von Deutschlands größter Schrägseilbrücke. Der Pylon, der das Gewicht der Brücke mittels harfenförmig gespannter, 32 jeweils 17 Zentimeter dicker Stahlseile trägt, ragt 128 Meter hoch in den vorpommerschen Himmel. Er gründet auf 45 Bohrpfählen mit einem Durchmesser von jeweils 1,5 Metern, die 30 Meter in den Boden hinabreichen. Schiffe mit einer Höhe bis zu 42 Metern können unter dem neuen Stolz der Stralsunder hindurchfahren, während über ihnen der Verkehr elektronisch geregelt über drei Spuren zu und von der Insel rollt.

→ Auf den ersten Blick ist die wahre Dimension der 2831 m langen Brücke gar nicht zu erfassen, wird doch vorrangig der Abschnitt mit dem 128 Meter hohen Pylon, der mittels Zugseilen die Fahrbahn zwischen Festland und Dänholm trägt, als Rügenbrücke wahrgenommen. Natürlich gehört auch der parallel zum alten Rügendamm verlaufende Abschnitt über den Strelasund zum Bauwerk.

Landwirtschaftliches Gebäude

Rambin

Bessin 5a | 18573 Rambin (Rügen)
Fertigstellung: 2007/2011
Architekt: Carl Zillich

Was passiert, wenn ein Apothekerehepaar mit ausgeprägter Liebe zu klassischem Design nach Rügen zieht, um hier Heilpflanzen anzubauen und zu Medikamenten zu verarbeiten? Was passiert, wenn sie auf einen Architekten treffen, der ihre Leidenschaft für einfache, klare Entwürfe teilt?

Dann entsteht ein landwirtschaftliches Nutzgebäude wie die Gerätehalle in Bessin, die 2007 fertiggestellt wurde. Der simple Kubus aus Spannbeton, Stahl und Holz verändert über den Tag immer wieder seine Wirkung – vor allem durch den großzügigen Einsatz von Profilglas auf der dem Hof zugewandten Seite. Mal erscheint diese – angestrahlt von der prallen Mittagssonne – in sattem Smaragdgrün, dann wieder leuchtet der gesamte Bau aus sich heraus, wenn hinter ihm die Sonne untergeht.

2011 ergänzte Architekt Carl Zillich das Ensemble um ein kombiniertes Nutz- und Wohngebäude. Im Erdgeschoss ist eine Produktionshalle mit Durchfahrt für landwirtschaftliche Fahrzeuge untergebracht, während im Obergeschoss die Wohnung und das Labor der Eigentümer Platz findet. Im Erdgeschoss dominieren – wie schon beim Nebengebäude – der weiß gestrichene Spannbeton und die riesigen Flächen grünlich schimmernden Profilglases, die der Konstruktion ihre Leichtigkeit verleihen. Das Obergeschoss ist in dunkel gebeiztes Lärchenholz gekleidet – möglicherweise eine Reminiszenz an historische Bauernhäuser im selben Stil.

Die beiden Gebäude und die Fahrspuren aus Beton mit dem von Kopfweiden umstandenen Dorfteich in ihrer Mitte wirken in ihrer Anordnung wie ein typischer Hof, wäre da nicht diese kühle Reinheit, die das Ensemble ein wenig unwirklich erscheinen lässt.

→ Baukunst trifft Landromantik – die schlichte Linienführung und der großzügige Einsatz von Profilglas lassen das kombinierte Wohn- und Wirtschaftsgebäude eher wie ein Labor, weniger als eine Lager- und Trocknungshalle wirken.

← ↑ Das Profilglas sorgt für eine sich ständig ändernde Anmutung des Gebäudeensembles, da es jede Licht-Änderung im Umfeld aufnimmt und nach außen abstrahlt. Einem Chamäleon gleich passen sich die Gebäude an ihre Umgebung an.

Haus Bubkevitz
Rappin

Feldstraße 8 | 18528 Rappin (Rügen)
Fertigstellung: 2013
Architekten: Drebing Ehmke Architekten

Sind Sie Schriftsteller? Musiker? Zeichner? Wollen Sie in Ruhe arbeiten, sich von der umgebenden Natur inspirieren lassen? Nein? Sie wollen gar nicht arbeiten, sondern suchen Entspannung vom Alltag in der Großstadt. Wie auch immer, hier sind Sie richtig. Haus Bubkevitz verzichtet auf Fernseher, Internet und sonstige Ablenkungen. Stattdessen überwältigt es mit einer abgeschiedenen Lage ganz am Ende des namensgebenden Dorfes auf der Insel Rügen – 35 000 Quadratmeter Grundstück, auf dem jeder sein Plätzchen findet und zudem einen der schönsten Schreibtische Deutschlands. Versprochen.

Ursprünglich als eigener Fluchtpunkt vom Alltag gedacht, haben die beiden Architekten Axel Drebing und Holger Ehmke das denkmalgeschützte ehemalige Schulgebäude und Bauernhaus mit der dazugehörigen Scheune für sich ausgebaut. Ihre Maxime für die Sanierung wie auch bei anderen Projekten ihres Greifswalder Büros: Traditionelles erhalten, wo es möglich ist, und Neues einbringen, wo dies Sinn ergibt.

So wandelt man heute durch das Ensemble, erfreut sich der Lichtschalter, die man noch aus Omas Haus kennt, öffnet die Fenster und stellt diese fest, wie man es schon als Kind getan hat. Zugleich freut man sich darauf, abends den Kamin in der Küche anzuheizen – im ehemaligen Klassenzimmer der Dorfschule – und eine Flasche Rotwein zu öffnen, während man mit Freunden am ausladenden Tisch Platz nimmt. Ach ja, und dann ist da noch dieser Schreibtisch mit dem Blick über die Felder …

→ Der Traum eines jeden Autors ist dieser Blick vom Schreibtisch in die weite Landschaft von Deutschlands größter Insel, fernab der Touristenströme. Dabei spielt es keine Rolle, ob es draußen grünt oder der Schnee bis an das Fensterbrett reicht.

URLAUBS
ARCHITEKTUR

↑ *Das ehemalige Klassenzimmer ist auch heute wieder ein Ort der Begegnung und des Zusammenfindens. Die Küche dient als zentraler Treffpunkt für Gespräche, gutes Essen und Wein.*

← *Unaufgeregt, der Lage des Anwesens gemäß: Die Einrichtung der Innenräume setzt nicht auf den schrillen Effekt.*

Literaturpavillon Gerhart-Hauptmann-Haus
Kloster

Kirchweg 13 | 18565 Kloster (Hiddensee)
Fertigstellung: 2012
Architekten: rutsch+rutsch architektur+szenografie

Schon die Überfahrt nach Hiddensee ist ein Erlebnis für den Besucher der Insel. Auf schmalen, ausgezeichneten Routen bewegt sich das Fahrgastschiff durch den Bodden. Zum Teil nur knietief ist das Wasser an einigen Stellen der Lagune zwischen Rügen und Hiddensee. Beim Anlegen im Hafen des Örtchens Kloster wird klar, was schon Gerhart Hauptmann hier verzaubert haben muss. Kloster wirkt, trotz der vielen Besucher, wie aus einer längst vergangenen Zeit. Der Verkehr beschränkt sich auf Fahrräder, Handkarren und Pferdewagen; viele Straßen sind unbefestigt.

Von 1926 bis 1943 lebte und arbeitete hier der Literaturnobelpreisträger im Haus »Seedorn« und genoss die Ruhe und Abgeschiedenheit des Eilands. Im denkmalgeschützten ehemaligen Heim des Autors finden heute Führungen und Lesungen mit prominenten Schriftstellern und Künstlern statt – bis zu 40 000 Besucher jährlich zählt die Einrichtung.

2012 bekam der historische Bau einen neuen Pavillon zur Seite gestellt. Dieser dient seitdem als Ausstellungsgebäude, Museumsshop und neuer Eingang zu einem der wichtigsten Literaturorte Norddeutschlands. Er ist sanft in den Hügel vor dem alten Haus eingebettet. Seine luftige – von Glas dominierte – Konstruktion gibt sich sehr zurückhaltend. Zusätzlich »tarnt« sich der Pavillon durch auf die Fenster aufgebrachte stilisierte Baumschatten, die mit den realen der umliegenden Bäume zu verschmelzen scheinen. Im Innern dominieren helle Hölzer, weiße Wände und orangefarbene Akzente. Bemerkenswert ist die für einen Bau mit so großen Glasflächen faszinierend ausgewogene Akustik, die den beteiligten Architekten besonders am Herzen lag.

← Modernes und Historisches in Sichtweite zueinander. Auf seinem Weg zum ehemaligen Wohnhaus des Schriftstellers durchschreitet der Besucher den modernen Pavillon, der aufgrund seiner großzügigen Glasflächen und der Verwendung von Holz das Gefühl vermitteln soll, zwischen den Bäumen des Parks zu wandeln.

↑ → *Der Pavillon bietet, schon von außen gut zu erkennen, Platz für den Museumsshop, der nicht nur Werke von Gerhart Hauptmann führt. Im mittleren Teil des Gebäudes kann sich der Gast mit einer Erfrischung stärken. Im hinteren Teil des Pavillons beantwortet ein Informationszentrum Fragen zum Dramatiker. Eine überdachte Terrasse lädt dort auch zum Verweilen ein.*

↑ Seit 2005 leitet die studierte Literatur- und Theaterwissenschaftlerin **Franziska Ploetz** die Gerhart-Hauptmann-Stiftung und lebt mit ihrer Familie im ehemaligen Anwesen des Literaturnobelpreisträgers.

Nationalpark-Zentrum Königsstuhl

Stubbenkammer

Stubbenkammer 2 | 18546 Sassnitz (Rügen)
Fertigstellung: 2004
Architekten: Arge MMH Architekten, Architekturbüro Hauffe

Für Besucher der Insel Rügen gehört ein Ausflug zu den berühmten Kreidefelsen zum Pflichtprogramm. Wer wie schon Caspar David Friedrich von der üppigen Vegetation und den majestätischen Kreidefelsen fasziniert ist und wer mehr darüber erfahren möchte, wie die Kreide auf Deutschlands größter Insel entstand und welche Geheimnisse sie birgt, dem sei ein Besuch im direkt oberhalb der Steilküste gelegenen Nationalpark-Zentrums empfohlen.

Hier werden nicht nur viele Fragen zu Rügens wichtigstem Exportgut beantwortet, das Zentrum ist darüber hinaus auch architektonisch interessant. Wer sich wundert, warum man hier nicht einen kompletten Neubau geschaffen hat, wird vom Leiter der Einrichtung, Ulf Steiner, aufgeklärt: Man habe sich bewusst entschieden, die – wie er sagt – »graue Energie« der bereits vorhandenen Bausubstanz zu nutzen und so wertvolle Ressourcen zu schonen. Wozu sollte man neue Baustoffe und damit mehr Belastungen in das sensible Ökosystem einbringen, wenn doch das bestehende Gebäude Raum und Atmosphäre für die geplante Ausstellung bot? So war denn nur ein neuer Anbau nötig, der sich wie ein Ammonit in den Boden schraubt. Er beherbergt ein Kino und den größten Teil der interaktiven Präsentation zum Nationalpark. Sichtbar ist lediglich die Eingangshalle. Die Verbindung zwischen dem neuen und dem alten Gebäudeteil legte man – tief in die Kreide des Königsstuhls gegraben – weitgehend unter die Erde.

Zur angestrebten Nachhaltigkeit des ehrgeizigen Projektes trägt die Begrünung des Rund- und des gläsernen Verbindungsbaus sowie die Nutzung von Solarenergie zur Strom- und Warmwassererzeugung auf dem Dach des Haupthauses bei.

→ Wie ein Schneckenhaus schraubt sich der Neubau des Nationalpark-Zentrums in die Kreide des Königsstuhls. Von hier aus sind es nur wenige Schritte bis zu Deutschlands berühmtestem Kreidefelsen.

ark-Zentrum
stuhl
ltnaturerbe

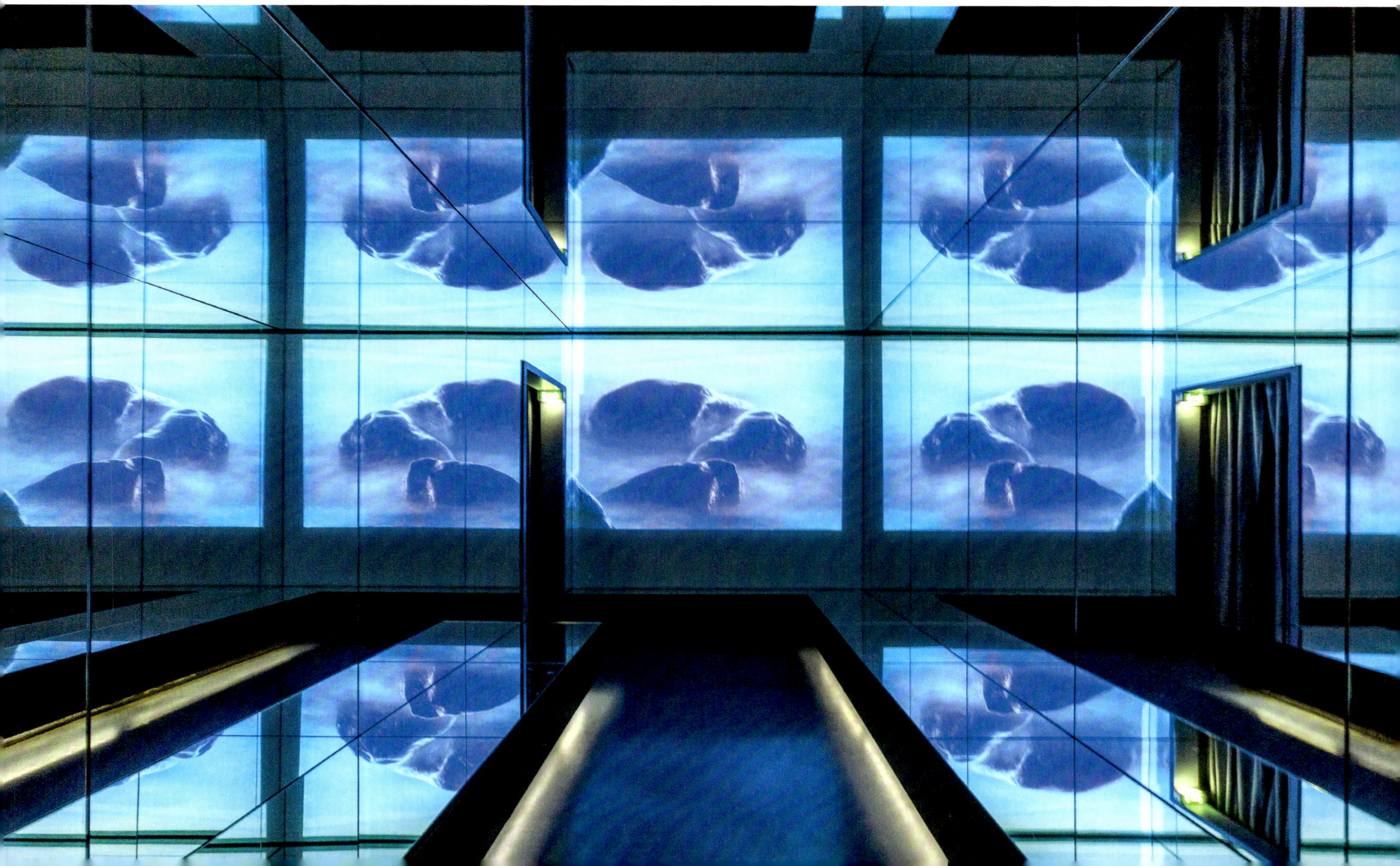

↑ **Ulf Steiner**, Leiter des Nationalpark-Zentrums an Rügens höchstem Kreidefelsen, betont die Nachhaltigkeit beim Bau des neuen Gebäudes. Bewusst habe man sich gegen einen Abriss alter Strukturen entschieden, um zusätzliche Belastungen für das empfindliche Ökosystem des Nationalparks zu vermeiden.

← *Ein großer Teil der Ausstellungsräume zur Kreide und vorpommerschen Natur befindet sich in unterirdischen Bereichen des Ensembles. Viele der Exponate laden zum Anfassen und Experimentieren ein.*

Fußgängerbrücke zum Hafen

Sassnitz

18546 Sassnitz (Rügen)
Fertigstellung: 2007
Architekten: Schlaich Bergermann und Partner

Bereits seit 1878 war Sassnitz Ausgangspunkt für regelmäßige Fährverbindungen nach Skandinavien, die später – zu DDR-Zeiten – jedoch von den Einwohnern des Arbeiter- und Bauernstaates nicht benutzt werden durften, sondern westdeutschen und ausländischen Reisenden vorbehalten waren. So bekam der Platz oberhalb des Hafens, von dem man die auf die Schiffe fahrenden Autos sehen konnte, den Spitznamen »Sachsenblick«, weil hier die Urlauber (nicht nur) aus dem Süden der Republik sehnsüchtig den Fähren hinterherschauten.

Im Jahre 2007 wurde an dieser Stelle der »Balkon zum Meer« fertiggestellt, Deutschlands längste Hängebrücke dieser Art. Sie überwindet 22 Meter Höhenunterschied. Die Konstruktion besteht aus einem einseitig aufgehängten Kreisringträger und einer Rampenbrücke, die sich im unteren Teil anschließt. Insgesamt ist die Konstruktion knapp 250 Meter lang. Der Mast, an dem der gekrümmte Brückenkörper mit Hilfe von 28 Hängeseilen befestigt ist, ragt 43 Meter in die Höhe und wiegt 50 Tonnen.

Die Empfehlung für das Büro Schlaich Bergermann und Partner, das sich u.a. auf den Brückenbau spezialisiert hat, kam interessanterweise von Ulrich Müther, der für seine Schalenbauten wie den Warnemünder Teepott und den heute zum Standesamt umgenutzten Rettungsturm in Binz bekannt ist.

→ Aus dieser Perspektive ist besonders eindrucksvoll zu sehen, dass das gesamte Gewicht des Mittelteils der Brücke von einem einzigen Träger und nur wenigen Stahlseilen gehalten wird.

Tankstelle
Putbus

Bahnhofstraße 15a | 18581 Putbus (Rügen)
Fertigstellung: 1999
Architekten: Xavière Bouyer, Niclas Dünnebacke

Wer auf Rügen Urlaub macht und sich für Kultur interessiert, kommt um einen Besuch von Putbus nicht herum. Fürst Wilhelm Malte I. gründete die Residenzstadt 1810 und hinterließ in zahlreichen beeindruckenden Bauten seine Handschrift: das heute leider nicht mehr existierende Schloss, das Theater, die Orangerie und der Circus – ein von strahlend weißen Häusern im klassizistischen Stil gesäumter, kreisrunder Platz mit einem 19 Meter hohen Obelisken in seiner Mitte. Aus der Luft erinnert die Stadt an eine prunkvolle Schlossanlage samt zugehörigem großen Park.

Aber es gibt eine weitere Sehenswürdigkeit: die Tankstelle, die – entworfen von den Architekten Niclas Dünnebacke und Xavière Bouyer – seit 1999 an der Bahnhofstraße steht.

Warum jedoch wird gerade eine Tankstelle in ein Buch über Beispiele gelungener moderner Architektur aufgenommen? Weil dieser Zweckbau in Putbus zu den wenigen überzeugenden seiner Art zählt: Da ist die ausgeprägte Detailverliebtheit, sind die geriffelten Bleche, die den runden Dächern der einzelnen Gebäude ihr unverwechselbares Aussehen geben, wobei sie an die aus Aluminium gefertigten amerikanischen Wohnwagen der 50er- und 60er-Jahre erinnern. Da sind die Scheiben aus gebogenem Glas, die man so ebenfalls seit den 60ern kaum noch findet. Und da ist nicht zuletzt das gewaltige geschwungene Metalldach, das trotz seiner Größe auf äußerst filigranen Streben ruht. Und so hat Putbus eine Tankstelle, die zur Stadt passt und Historisches mit der Neuzeit verbindet.

← Unverkennbar sind die Reminiszenzen an die Architektur und das Design der 50er-Jahre – die gewölbten Dächer der Gebäude, die geriffelten Bleche, die Form der Lampen und die Liebe zum Detail, beispielsweise bei den kreuzförmigen Verstrebungen der Dachkonstruktion.

Wasserferienwelt im Jaich

Putbus-Lauterbach

Am Yachthafen 1 | 18581 Putbus-Lauterbach (Rügen)
Fertigstellung: 2011
Architekt: Drebing Ehmke Architekten

1816 eröffnete Fürst Wilhelm Malte zu Putbus in Neuendorf das erste Seebad Rügens. Zwei Jahre später ließ er das erste feste Badehaus in der benachbarten Goor, einem Waldgebiet, errichten. »Badehaus« klingt allerdings sehr nach Understatement, wenn man die Allee zum heutigen Hotel mit seinen 1830 ergänzten Kolonnaden entlangfährt. Etwas weniger prunkvoll, aber nicht weniger spannend präsentiert sich der in Sichtnähe befindliche kleine Hafen von Lauterbach, der auch schon auf eine über hundertjährige Tradition zurückblicken kann.

Gar nicht traditionell wirken die Ferienhäuser der hier ansässigen Wasserferienwelt von Till Jaich. Der Besitzer des Yachthafens hatte zunächst die Idee, in der romantischen Bucht schwimmende Unterkünfte zu errichten. Sie sind an der Steganlage des Hafens festgemacht – ein außergewöhnliches Domizil für Urlauber.

Die 13 x 6 Meter großen und 60 Tonnen schweren Häuser in Holzständerbauweise schwimmen auf betonummantelten Kunststoffpontons. Acht Wochen brauchten Till Jaich und seine Mitarbeiter für die Fertigstellung eines einzigen Hauses.

Seit 2011 ergänzen 14 Pfahlhäuser im Stil von Luxusresorts, wie sie im Indischen Ozean zu finden sind, die Urlaubswelt in Lauterbach. Statt auf türkisblaues Wasser und blendend weißen Sand blickt der Urlauber hier auf das am Morgen noch nebelverhangene Schilf, sich auf den sanften Wellen des Greifswalder Boddens wiegende Segelboote und die gegenüberliegende Insel Vilm.

→ Jedes der schwimmenden Häuser verfügt über eine eigene Anlegestelle, die auch Platz zum Sonnen bietet. Mehrere Fenster öffnen die Bungalows zum Wasser – hier wohnt man mitten in der Natur.

Lauterbach

←↑ 2,40 Meter über dem Wasser stehen die Pfahlhäuser. Wie ihre fernöstlichen Vorbilder bieten sie jeweils eine große Holzterrasse.

→→ Ungewöhnlich, über der Hafenanlage thronend, gibt sich auch das Rezeptionsgebäude (nächste Doppelseite).

WOHNMOBILE
UND BOOTE
MELDEN
MEERESSÄUGETIERE IN DER OSTSEE
Schutz und Forschung rund
um die Robben

Kornspeicher Mauritz
Garz

Zicker 16 (Zudar) | 18574 Garz (Rügen)
Fertigstellung: 2005
Architekt: Andreas Breckwoldt

Es braucht Menschen mit Visionen, um Projekte wie dieses in Angriff zu nehmen. Nur wenige haben die Vorstellungskraft, eine Scheune, ein altes Fabrikgebäude oder, wie hier, einen alten Kornspeicher vor seinem geistigen Auge fertig saniert und geschmackvoll eingerichtet zu sehen. Der Berliner Architekt Andreas Breckwoldt hatte 2004 diese Vision, als er den zum ehemaligen Dreiseitenhof Zicker gehörenden Kornspeicher entdeckte.

Äußerst behutsam und unter Erhaltung vieler Ausstattungsdetails baute der Idealist das gewaltige Gebäude, das neben dem Speicherboden unter dem Dach auch Pferdeställe im unteren Geschoss enthielt, zu Ferienunterkünften um. Wer jedoch ein übliches Feriendomizil erwartet, wird enttäuscht. Paarurlaub ist im Speicher zwar möglich, die bis zu 450 Quadratmeter großen Ferienwohnungen animieren aber eher zum Urlaub unter Freunden oder in der Großfamilie. Bis zu acht Schlafzimmer pro Wohnung bieten Platz für größere Gruppen.

Die erfreuen sich dann an den gewaltigen Fachwerkkonstruktionen, den spektakulären Galerien und den riesigen Dachfenstern, durch die Licht in die Räume fluten kann. Voller Stolz ist auch der Verwalter Heinz Pfeiffer, wenn er dem staunenden Besucher in einem der Schlafzimmer zeigt, wo früher die Pferde im Stall festgemacht oder im Obergeschoss das Korn durch einen Trichter im Boden in die Fuhrwerke darunter verladen wurde. Er kennt den Bau schon seit seiner Kindheit.

→ Der Charme der Ferienwohnungen beruht auf dem Spiel mit verschiedenen Ebenen, der Ausnutzung der Stockwerkshöhen bis unter den First und den massiven Holzbalken, die im ganzen Haus sichtbar sind.

↑→ *Während das Obergeschoss zur Lagerung von Korn diente, befand sich im Untergeschoss des historischen Gebäudes aus dem jahr 1904 der Stall für die Pferde des Gutes. Dieser verfügt wie viele Bauten aus jener Zeit über die auch als Berliner Gewölbe bekannte klassische Preußische Kappendecke.*
Vier wohltuend zurückhaltend eingerichtete Feriendomizile bietet die Anlage. 450 Quadratmeter umfasst die größte, 50 Quadratmeter die kleinste Wohnung.

Greifswald und Usedom

Pommersches Landesmuseum
Greifswald

Rakower Straße 9 | 17489 Greifswald
Fertigstellung: 2005
Architekten: Sunder-Plassmann Architekten

Das Pommersche Landesmuseum in Greifswald ist ein Muss für Architekturinteressierte. Mehrere historische Gebäude aus unterschiedlichen Epochen verschmelzen hier Dank des Entwurfs des Architektenbüros Sunder-Plassmann aus Kappeln zu einem einerseits spannungsvollen, andererseits auch harmonischen Ensemble. Auf dem Gelände des ehemaligen Franziskanerklosters verbindet die von den Planern neu entworfene gläserne »Museumsstraße« vier Gebäude: das Conventhaus aus dem 14. Jahrhundert, die alte Klosterbibliothek aus dem 15. Jahrhundert, die vom Zeichenlehrer Caspar David Friedrichs, Johann Gottfried Quistorp, im klassizistischen Stil entworfene Stadtschule und das nach der Farbe der Kutten seiner Mönche benannte »Graue Kloster«.

Jedes der einzelnen Häuser hat seinen eigenen Charakter bewahrt und macht so einen Besuch besonders abwechslungsreich. Helle Räume wechseln sich mit dunklen ab, enge mit weiten. Beeindruckend präsentiert sich der Innenraum des »Grauen Klosters«, der sich zum verglasten Dach hin öffnet. Der schmale Schnitt und die teilweise sehr hohen Türen muten ägyptisch an.

Die gläserne »Museumsstraße« gibt den Blick auf den Innenhof und auf Exponate an der Außenwand der Klosterbibliothek frei. Die Stahl-Glas-Konstruktion wird aufgrund ihrer guten Akustik für Vorträge und Veranstaltungen genutzt.

→ Eine Stahl-Glas-Konstruktion überdacht den historischen Lichthof. Die Fensteröffnungen der heutigen Ausstellungskabinette gehörten um 1845 zu den Kammern und Küchen des Armenhauses – eines der größten und modernsten seiner Zeit.

↑ → Über das weiß leuchtende, im klassizistischen Stil gehaltene »Graue Kloster« gelangt man in das Pommersche Landesmuseum. Die einzelnen Gebäude, so auch die in Backstein ausgeführte Klosterbibliothek, werden durch die »Museumsstraße« miteinander verbunden.

←↑ *Die »Museumsstraße« bildet selbst einen Raum mit eigenem Charakter – hoch, luftig, lichtdurchflutet. Die Details überzeugen durch ein einfaches und zugleich einzigartiges Design.*

Caspar-David-Friedrich-Zentrum
Greifswald

Lange Straße 57 | 17489 Greifswald
Fertigstellung: 2011
Architekt: Frank Bräsel, pbG Planungsbüro Greifswald

2004 öffnete das Museum zu Ehren von Greifswalds wohl bekanntestem Sohn, Caspar David Friedrich, an der Geburtsstätte des berühmten Malers. Sein Vater hatte hier, in der Langen Straße, eine Seifensiederei und Lichtgießerei betrieben. Das ehemalige Werkstattgebäude beherbergte zunächst auf 120 Quadratmetern eine Dokumentation zu Leben und Schaffen des Romantikers.

Nach der 2011 vollendeten Sanierung des Vorderhauses – einem Nachfolgebau des 1901 abgebrannten Geburtshauses – stehen nun knapp 500 Quadratmeter Ausstellungsfläche zur Verfügung. Nicht nur Werke und Werdegang des bekannten Malers werden beleuchtet, sondern auch die 200 Jahre währende Nutzung des Wohn-und Geschäftsgebäudes durch die Familie Friedrich. In den Kellergewölben kann der Besucher Eindrücke von der historischen Seifen- und Kerzenherstellung gewinnen.

Nach dem Umbau war es nun auch möglich, das einstige Geschäft des Vaters als neuen Eingangsbereich und Museumsladen einzurichten. Es ersetzt zugleich den ehemaligen Zutritt von der Gasse aus. Der Tresen im Laden ist Skizzen des Malers nachempfunden, die dieser von einer seiner Reisen nach Dresden an die Familie sandte.

Der Bau lebt vom Kontrast zwischen dem historischen Gemäuer und den modernen Einbauten, zum Beispiel den gläsernen Informationstafeln rechts vom Eingang, dem aus Stahl, Glas und Holz angefertigten Treppenhaus und verschiedenen Vitrinen aus den gleichen Materialien.

Im Obergeschoss ist Platz für wechselnde Ausstellungen zeitgenössischer Künstler.

→ Das neue Treppenhaus bildet das Herzstück des sanierten Familiensitzes. Seine Konstruktion schafft einen spannenden Kontrast zu Fachwerk und Lehmwänden, Backstein und Gewölbekeller.

↑ **Susanne Papenfuß** genießt die Möglichkeiten, die das sanierte Gebäude seit 2011 mit sich bringt. Die in den Jahren zuvor nur auf das Hinterhaus beschränkten Räumlichkeiten waren zu begrenzt, um neben den Exponaten des Namensgebers auch Ausstellungen der Werke zeitgenössischer Künstler präsentieren zu können.

← *Das heutige Museum umfasst das alte Werkstattgebäude, in dem die Seifen- und Kerzenherstellung ansässig war, und das ehemalige Wohnhaus der Familie Friedrich mit seinem zur Langen Straße ausgerichteten Ladengeschäft.*

Universitätsbibliothek
Greifswald

Felix-Hausdorff-Straße 10 | 17489 Greifswald
Fertigstellung: 2001
Architekten: bsp architekten Bödecker
Schulte & Partner

Universitätsbibliotheken sind unter den Freunden zeitgenössischer Architektur möglicherweise das »next big thing«, wie die Amerikaner sich ausdrücken. Wie schon in Rostock findet sich auch in Greifswald ein vorzügliches Beispiel. Nördlich des Areals der medizinischen Fakultät steht seit 2001 der Neubau der Universitätsbibliothek. Zwei Jahre früher als ursprünglich vorgesehen konnte er seiner Bestimmung übergeben werden.

Das Gebäude stellt sich von außen als Quader dar, aus dem rechts ein separater Baukörper, der die Verwaltung beherbergt, herausragt. Dieser präsentiert sich in gelbem Klinker, während der Hauptteil der Bibliothek überwiegend in eine Fassade aus vorpatiniertem Kupferblech gehüllt ist. Vom Forum, dem weiten Vorplatz, aus gesehen dominiert die große Glasfläche um den Eingangsbereich der Einrichtung.

Im Innern gibt es wieder Gemeinsamkeiten mit dem Bau in Rostock. Auch hier wird mit scheinbar schwebenden Stockwerken gearbeitet, die sich zur Eingangshalle öffnen, nur dass dieser bis zum Dach offene Raum in Greifswald viel größer ausfällt. Die Beleuchtung der einzelnen Etagen lässt die Konstruktion wie ein gewaltiges Raumschiff erscheinen.

Wegen des hohen Grundwasserstandes musste das Gebäude in eine abdichtende schwarze und weiße Wanne gesetzt werden.

Die Akustik der Eingangshalle ist wider Erwarten so gut, dass hier auch musikalische Veranstaltungen durchgeführt werden können.

→ *Der als Sonnenschutz dienende große Dachüberstand, Glas und Kupferblech bestimmen das äußere Erscheinungsbild der Universitätsbibliothek, während im Innern die sich nach oben hin verjüngenden, terrassenförmig angeordneten Geschosse das Gebäude charakterisieren.*

Zahnmedizin
Greifswald

Rotgerberstraße 8 | 17489 Greifswald
Fertigstellung: 2006
Architekten: Heinle, Wischer und Partner

Müsste man einen Geheimtipp in Bezug auf moderne Architektur geben, würde man in Mecklenburg-Vorpommern wohl auf Greifswald verweisen. In der Hansestadt im Nordosten des Bundeslandes ist – wie die vorhergehenden Seiten dieses Buches bereits belegen – in den letzten Jahren eine ganze Reihe bemerkenswerter Bauten entstanden.

Eines der ersten neuen Gebäude öffnete bereits 2006 seine Pforten. Am westlichen Rand des Greifswalder Universitätscampus – ganz nah dem historischen Stadtkern – befindet sich seitdem das Zentrum für Zahn-, Mund- und Kieferheilkunde der Universität. Hier werden sowohl Studenten ausgebildet als auch Patienten behandelt.

Das Gebäude überzeugt durch seine simple kubische Form, die sich zum Haupteingang hin durch eine durchgängige Glasfassade öffnet und somit Transparenz vermittelt. Diese soll auch die Orientierung innerhalb des Gebäudes erleichtern. Die Glasfront präsentiert sich im Laufe des Tages in ständig wechselnder Erscheinung. Mal strahlt sie in kühlem Blau, mal scheint sie durch das Orangerot der untergehenden Sonne zu brennen. Oft spiegeln sich auch die umliegenden Gebäude und erzeugen so die Illusion einer einheitlich historischen Bebauung.

Sehenswert gelöst ist auch der Übergang zu einem älteren Gebäude mittels gläserner Brücke auf der Rückseite. Um einen harmonischen Anschluss an den Nachbarbau zu schaffen, bekam dieser eine stilistisch angepasste Gebäudeecke.

→ *Um einen architektonisch passenden Anschluss des Neubaus an das dahinter liegende Backsteingebäude zu schaffen, wurde dieses um einen Eingangsbereich ergänzt, der die Formensprache des Hauptgebäudes aufnimmt.*

Meerhaus
Lubmin

Waldstraße 5 | 17509 Lubmin
Fertigstellung: 2008
Architekten: Wacker Zeiger Architekten

Viele Besucher Mecklenburg-Vorpommerns erfüllen sich ihren Traum vom eigenen Ferienhaus an der Ostsee, damit sie häufiger in den Genuss der zum großen Teil noch unverbauten Natur, der gesunden Meeresluft und der statistisch gesehen höchsten Sonnenscheindauer kommen.

Idealbild ist dabei häufig das kleine, reetgedeckte Fachwerkhäuschen. Die Treue zum historischen Vorbild variiert jedoch sehr stark und war für Otto und Gabriele Held aus Lubmin daher keine Option. »Wenn ich ein neues Haus baue, soll es auch modern aussehen«, formulieren sie ihre ganz eigene Philosophie. Kopien akzeptieren die beiden für sich nicht.

Ihr Meerhaus sollte eine klare, moderne Formensprache haben und sich harmonisch in das Grundstück mitten im Küstenwald einfügen. Was wie ein Widerspruch klingt, ist in der Umsetzung fantastisch gelungen. In der Gestaltung kompromisslos modern, sorgt die Fassade aus vertikalen Holzlatten dafür, dass das Haus mit den umstehenden Kiefern optisch nahezu verschmilzt. Große Glasflächen, rostiges Metall und eine umlaufende Terrasse bestimmen zudem das Äußere. Innen wirkt der geschickt aufgeteilte Wohnraum groß, obwohl er nur 75 Quadratmeter umfasst. Dazu trägt unter anderem die Galerie und die platzsparende Treppe ins Obergeschoss bei.

Sechs Personen haben im Meerhaus ausreichend Platz. Und sie brauchen nur knapp 50 Meter zu laufen, um den Strand des Greifswalder Boddens zu erreichen.

→ Die vertikalen Holzplanken streben ebenso himmelwärts wie die das Meerhaus umgebenden Kiefern und lassen das Gebäude trotz seines Volumens im Küstenwald nahezu verschwinden. Das umlaufende Holzdeck dient nicht nur als Terrasse, sondern schützt auch das Kaminholz.

↑ *Asymmetrisch sind die Fenster eingefügt und beleben so das äußere Erscheinungsbild des Hauses.*

← *Zum großzügigen Raumgefühl trägt die bis zum First reichende Höhe des Wohnzimmers bei. Für platzsparende Lösungen, die kein Gefühl von Enge aufkommen lassen, stehen auch die eingebauten Doppelstockbetten.*

KÉRASTASE

Frisiersalon Struwwelpeter
Koserow

Vinetastraße 15 | 17459 Koserow (Usedom)
Fertigstellung: 2003
Architekten: Falkenberg + Schult Architekten

Fährt man durch die Seebäder der Küstenregion, wird man feststellen, dass sich die Bebauung je nach Ort leicht unterscheidet, innerhalb dieser jedoch meist recht homogen ist. Dafür sorgen in der Regel Bebauungspläne der Gemeinden. Die Absicht dahinter ist durchaus plausibel: Man will das über Jahrzehnte gewachsene Gesicht der Urlaubsorte nicht verwässern, die Erwartungshaltung der Besucher nicht enttäuschen. Leider nimmt man sich so auch zuweilen die Chance, den Gästen die eine oder andere Überraschung zu bieten. Ein eigenes Profil kann sich auf diese Weise nur schwer entwickeln.

Gut, dass es auch Beispiele für ungewöhnliche Lösungen gibt. Es müssen zudem keine spektakulären Großprojekte sein, wie der Friseursalon von Katrin Schult in Koserow beweist. Der elliptische, an das bestehende Wohnhaus gesetzte Anbau beherbergt einen ausgewachsenen Salon mit insgesamt vier Frisierplätzen. Ein großes Schaufenster lässt die Kunden ins Grün des Vorgartens schauen und erlaubt umgekehrt schlendernden Passanten, einen Blick nach innen zu erhaschen.

Die Fassade aus Streckmetall verleiht der Konstruktion das gewisse Etwas. Fällt das Sonnenlicht darauf, glänzt der Korpus und vermittelt so den Eindruck einer modernen Schiffsbrücke oder eines Hochgeschwindigkeitszuges.

← Die gewölbte Streckmetallhülle des Salongebäudes erinnert auch an die besonders in den 50er- und 60er-Jahren beliebten Airstream-Wohnwagen aus den USA, deren Außenhaut komplett aus Aluminium gefertigt war. Aus der Entfernung wirkt das netzartige Metall wie eine durchgehende Fläche.

Rettungsstation
Ahlbeck

Promenade, Strandaufgang 2P
17429 Ahlbeck (Usedom)
Fertigstellung: 2009
Architekt: Achim Dreischmeier

Muss eine Rettungsstation stylish sein? Interessiert es den Verunglückten, ob er in einem modern gestalteten Gebäude versorgt wird, oder ist es cooler, Rettungsschwimmer auf einer Design-Rettungsstation zu sein?

Hätte beim Entwurf der Ahlbecker Rettungsanlage ausschließlich ihr äußeres Erscheinungsbild eine Rolle gespielt, wären diese Fragen sicher berechtigt. Architekt Achim Dreischmeier ging es in der Tat darum, dass die von ihm entworfene Station heraussticht, wahrgenommen wird, jedoch aus ganz praktischen Gründen. Wenn jemand Hilfe benötigt, will er nicht lange suchen müssen. Die gelbe Farbe der Fassadenpaneele und die kubische Form des Baus, die sich klar gegen die dahinter liegende Reihe von Bauten in typischer Bäderarchitektur absetzen, werden dieser Aufgabe voll und ganz gerecht.

Der Baukörper selbst folgt ganz der Funktion. Um den Rettungskräften eine gute Sicht auf Ostsee und Strand zu ermöglichen, ist die Front mit bodentiefen Glasflächen versehen. Die schmalen Fenster auf der Rückseite lassen genügend Licht in die dort befindlichen Nebenräume und verwehren gleichzeitig allzu Neugierigen die Sicht. Die Außenhaut ist widerstandfähig gegenüber den rauen klimatischen Bedingungen direkt auf der Düne. Ein umlaufender Holzgang an der Strandseite unterstreicht die maritime Erscheinung. Alle Geländer sind – wie im Schiffbau – in Edelstahl ausgeführt.

← Direkt in den Dünen des »Kaiserbades«, zwischen Strand und Promenade, liegt das Domizil der vom Deutschen Roten Kreuz betriebenen Station der Wasserwacht. Unweit der Ahlbecker Seebrücke, mit den großen Hotelgebäuden im Rücken, springt die gelbe Fassade der Rettungsstation sofort ins Auge.

Mecklenburgische Seenplatte

To the Konzertkirche: A most beautiful place with a beautiful sound!
neu,sw
NEUWOGES.img
neu,ste

Konzertkirche
Neubrandenburg

An der Marienkirche | 17033 Neubrandenburg
Fertigstellung: 2001
Architekt: Pekka Salminen

Die Neubrandenburger Marienkirche gehört zu den bedeutendsten Bauwerken Norddeutschlands, wenn es um die Symbiose aus historischer und zeitgenössischer Architektur geht. Man stelle sich vor, zwei geniale Architekten träfen sich und beschlössen, gemeinsam einen Bau zu schaffen und ihre Ideen zusammenzuführen, um ein Gebäude zu kreieren, dass Menschen Freude bereitet, sowohl visuell als auch akustisch. Und man stelle sich vor, diese Menschen lebten 750 Jahre voneinander getrennt.

Die Marienkirche wurde erst 1841 fertiggestellt. Der Grundstein für den ursprünglichen Bau an dieser Stelle wurde jedoch schon 1248 gelegt. Mehrere Brände und Blitzeinschläge beschädigten das Gotteshaus immer wieder stark, am Ende des Zweiten Weltkriegs brannte es komplett bis auf die Außenwände und Turmmauern aus. In den 70er-Jahren gab es sogar Überlegungen, die Ruine abzureißen.

1996 gewann der finnische Architekt Pekka Salminen einen Wettbewerb zum Wiederaufbau. Statt jedoch den Bau lediglich zu rekonstruieren oder einige moderne Elemente hinzuzufügen, entstand in dem historischen Gemäuer ein Konzertsaal mit ausgezeichneter Akustik. 851 Zuschauer finden in der neugeschaffenen Spielstätte Platz.

Während der Kirche ihre Veränderungen außen nicht anzusehen sind, hat Salminen innen mittels Sichtbeton, Glas und Stahl Einbauten geschaffen, die auf einzigartige Weise mit den gotischen Backsteinformationen harmonieren. Der Architekt über seine Motivation: »Ich betrachte den Sichtbeton als den ›Naturstein‹ unseres Zeitalters, dessen hellgraue Oberfläche sich besonders gut mit dem warmen Ton der Backsteinziegel verbindet …«

← 851 Besucher fasst der neue Konzertsaal im Schiff der Marienkirche (siehe auch die nächste Doppelseite). 14 x 12 Meter misst die Bühne, auf der unter anderem die Neubrandenburger Philharmonie regelmäßig Konzerte gibt. Die Akustik ist so herausragend, dass der bekannte Hersteller von Klavieren und Flügeln Bechstein hier eine Referenz-CD aufnehmen ließ.

← ↑ *Von außen sieht man der Marienkirche ihr modernes Innenleben nicht an. 16 Millionen D-Mark kostete die originalgetreue Sanierung des im Zweiten Weltkrieg stark beschädigten Backsteinbaus. Die Verwandlung in einen der besten Konzertsäle Europas erforderte weitere 31 Millionen D-Mark.*

↑ **Manfred Tepper**, Mitarbeiter im Veranstaltungszentrum und verantwortlich für die Bespielung des Konzertsaals, könnte nicht stolzer auf »seine« Konzertkirche sein. Er, der heute von Besuchern aus aller Welt Komplimente zur Architektur und der Akustik des Baus erhält, kennt die Kirche noch aus seiner Kindheit – damals bestand sie nur aus den niedergebrannten Resten der Außenmauern.

← *Die hervorragende Akustik wurde auch durch eine zusätzliche innere Verglasung der hohen Kirchenfenster, eine gläserne Wand zwischen Foyer und Konzertsaal und durch Reflexionstafeln aus Plexiglas erreicht.*
Die Garderobe befindet sich unterhalb des Konzertsaales (linke Seite).

Strelitzhalle
Neustrelitz

Louisenstraße 28 | 17235 Neustrelitz
Fertigstellung: 1999
Architekten: studio 42; Reinhold Wuttke, Uwe Kekeritz

Die nahe dem Zentrum von Neustrelitz, gegenüber dem traditionsreichen Gymnasium Carolinum, gelegene Mehrzweckhalle dient in erster Linie dem Sport.

Anstatt die dafür nötige Deckenhöhe in einen mehrgeschossigen Kubus zu verpacken, der die gegenüberliegenden historischen Gebäude optisch erschlagen hätte, versenkten die Planer Reinhold Wuttke und Uwe Kekeritz den Bau geschickt teilweise im Boden. Die Sportfelder, Umkleidekabinen und Nebenräume verschwinden im Untergeschoss. Die Stahlkonstruktion des Baukörpers lässt das begrünte Dach darüber förmlich schweben. Das Gebäude gewinnt so eine Leichtigkeit, die dem Platz am Glambecker See eine ausgewogene Gewichtung verleiht.

Das in traditioneller Klinkerbauweise ausgeführte Foyer und seine mit kreisrunden Durchbrüchen versehene Attikafassade mildern den Kontrast zwischen dem kühlen Glaskubus der Strelitzhalle auf der einen und dem historischen Gebäudeensemble des Gymnasiums auf der anderen Seite.

→ Der Baukörper der Mehrzweckhalle ragt als gläserner Kubus eineinhalb Stockwerke aus dem Boden, ist zu gleichen Teilen jedoch auch unter die Erde verlegt worden. Markant sind der auffallend große Dachüberstand und der Eingangsbereich an der nördlichen Ecke des Gebäudes.

Müritzeum
Waren

Zur Steinmole 1 | 17192 Waren (Müritz)
Fertigstellung: 2007
Architekten: Büro Gert Wingårdh

Neben der Ostsee gehören auch die Binnenseen des Landes zu den beliebten Zielen der Urlauber aus allen Teilen Deutschlands, Skandinaviens und der Schweiz. Der größte dieser Seen – gleichzeitig auch das größte deutsche Binnengewässer – ist die Müritz. Viel Platz also, um sich auf und am Wasser zu erholen.

Waren als größte Stadt an der Müritz ist nicht nur Ausgangspunkt für viele, die einen Ausflug in den nahegelegenen Müritz-Nationalpark planen, sondern bietet selbst verschiedene Attraktionen. Am augenscheinlichsten dürfte wohl das Müritzeum sein. Die spannende Ausstellung zu Flora und Fauna des Nationalparks in seinem Inneren wurde von der schwedischen Architektin Gunilla Murnieks des Büros Gert Wingårdh in eine ebenso spannende Hülle verpackt. Die Form des Gebäudes mutet wie die eines Ufos an, wobei die Materialwahl für die Fassade nicht nur einen regionalen, sondern auch einen historischen Bezug aufweist. 20 000 laufende Meter verkohlter Lärchenbohlen liefern eine Reminiszenz an das in der Region einmal typische, heute aber nahezu in Vergessenheit geratene Teerschwelen.

Je nachdem, von welcher Seite aus man das Gebäude betrachtet: Immer wieder sind neue Formen auszumachen. Höhepunkt ist die in den Baukörper eingeschnittene Außentreppe, die durch ihre geneigten Wände schnell das Raumgefühl des Betrachters irritiert. Ähnlich spektakulär wie von außen präsentiert sich das Müritzeum auch von innen. Ein 100 000 Liter Wasser fassendes Aquarium über zwei Etagen mit dem größten, je in Europa gefertigten Frontglas gehört ebenso zu den Attraktionen wie der Blick in den hinter dem Naturerlebnis-Zentrum gelegenen Herrensee.

→ Aus dieser Perspektive ist die trichterförmige Grundform des Baukörpers am besten zu erkennen. Um Treppen und Zugänge einzufügen, wurde er eingeschnitten.

↑ *Am markantesten aufgebrochen wird die Trichterform des Gebäudes auf der Eingangsseite des Müritzeums. Hier wurde der Baukörper nicht nur geradlinig beschnitten, sondern auch mit einer breiten Glasfront versehen.*

← *Die stark geneigte Außenhaut machte selbst den Bau einer Außentreppe an der Westseite des Gebäudes zu einer Herausforderung. Gut zu sehen sind hier die für die Verkleidung der Fassade benutzten Leisten aus verkohltem Lärchenholz.*

Ausgang

← ↑ *Die Austellung des Müritzeums bietet spannende Aus- und Einblicke auf und in den Herrensee. Auf zwei Stockwerken werden Flora und Fauna des Müritz-Nationalparks in Aquarien und mittels interaktiver Exponate erklärt.*

Gärtnerei
Waren

Wossidlostraße 7a | 17192 Waren (Müritz)
Fertigstellung: 2002 (Bezug 2003)
Architekten: Haas Architekten

Das Areal am Warener Tiefwarensee hat eine lange Tradition als öffentlicher Garten der Stadt an der Müritz. Ursprünglich gehörte die Anlage zum Feierabendheim mecklenburgischer Lehrerinnen, das auf dem Gelände in dem heute als Hotel dienenden Gebäude von 1891 bis 1945 sein Domizil hatte. Heute beherbergt es das Lebenshilfswerk Waren – eine gemeinnützige Gesellschaft, die sich die Integration von behinderten Menschen zum Ziel gesetzt hat. Diese betreibt sowohl das Hotel als auch die Gärtnerei, die im Januar 2003 ihr neues Gebäude beziehen konnte.

Der Neubau versucht erst gar nicht, sich dem historischen Ambiente anzupassen, sondern trägt seine eigene, selbstbewusste Handschrift, ohne jedoch seine Umgebung zu dominieren. Stattdessen bewirken seine Höhe, die den Kronen der umstehenden Bäume den Vortritt lässt, und die Lärchenholz-Schindelfassade eine sanfte Einbettung in die Landschaft am Seeufer.

Die am Gebäude angeschlossenen Gewächshäuser sind durch ihre leichte Glaskonstruktion ohnehin kein Störfaktor im Umfeld des Schaugartens.

Im Inneren des Neubaus befindet sich eine Garage für den Fuhrpark der Gärtnerei, während im Obergeschoss eine Kantine für deren Mitarbeiter untergebracht ist.

Die moderne Note setzt sich im flachen Anbau fort, den das Hotel erhalten hat und der Platz für ein Café bietet. Auch hier bildet dunkles Holz die naturnahe Fassade.

→ Das Lebenshilfswerk Waren betreibt nicht nur das Hotel und die Gärtnerei. Es ist ebenfalls für den Botanischen Garten am Tiefwarensee zuständig, der die beiden Gebäude umgibt.

↑ → *Das Café des Hotels (rechte Seite, oben) entspricht farblich der Gestaltung der Gärtnerei (oben). In den Gewächshäusern findet sich eine der größten Sukkulentensammlungen Norddeutschlands.*

Ferienanlage
Ganzlin

Dresenower Mühle 9 | 19395 Ganzlin
Fertigstellung: 2011
Architekt: wolff:architekten

Naturgemäß ist die Dichte an architektonisch außergewöhnlichen Objekten in Städten höher als auf dem flachen Land. Aber gerade hier, häufig abseits ausgetretener Pfade, sind überraschende Entdeckungen möglich. Das 2011 eröffnete »VILA VITA Anneliese Pohl Seedorf« liegt eingebettet in ein Naturschutzgebiet direkt am Ufer des Plauer Sees. Die Ferienanlage gehört der Deutschen Vermögensberatungs AG und ist nach der 2008 verstorbenen Ehefrau des Gründers Reinfried Pohl benannt, die in allen zur Gruppe gehörenden Hotels und Resorts für die Gestaltung und Einrichtung verantwortlich zeichnete.

Das weitläufig als Dorf konzipierte Resort orientiert sich an der regionaltypischen Architektur, weist jedoch mit den wiederkehrenden Fassaden aus vertikalen Holzlatten und den in die Dachflächen eingeschobenen kubischen Gauben eine eigene Handschrift auf. Insbesondere das Rezeptionsgebäude, das Restaurant und nicht zuletzt das Saunadorf überzeugen durch eine moderne, warme Gestaltung im Innenbereich, die zum Teil außergewöhnliche Details aufweist. Der zur Sauna gehörende Schwimmteich verleiht dem Ensemble gar eine asiatische Anmutung.

→ Würde man die Nadelbäume im Hintergrund nicht erkennen, könnte man sich bei dieser Ansicht in Indonesien wähnen. Die scheinbar über dem Schwimmteich schwebenden Häuser mit ihren Fassaden aus Weidengeflecht beherbergen die Wellnesslandschaft des Feriendorfes.

Agenda-Zentrum Natur- und Umweltpark
Güstrow

Verbindungschaussee 1 | 18273 Güstrow
Fertigstellung: 2011
Architekten: Strübing & Zschuckelt

Wer während des Urlaubs ein Erlebnis für die ganze Familie sucht, wird in Güstrow fündig. Der Natur- und Umweltpark wird seinem Namen gerecht. Neben den Gehegen mit meist einheimischer Fauna findet der Besucher hier auch Braunbären oder die »Raubtier-WG«, bei der man – ermöglicht durch ein System von Gängen und Brücken – zum Beispiel Wölfe nahezu »hautnah« erleben kann.

Zum Natur- und Umweltpark gehört das am östlichen Rand des Geländes befindliche Agenda-Zentrum. Im 2011 fertiggestellten Bau steht die heimische Natur im Mittelpunkt. Im Obergeschoss der Holzkonstruktion bietet die Ausstellung Raum zum Untersuchen, Experimentieren und Erleben, während darunter ein Außenrestaurant und ein abwechslungsreicher Spielplatz Kurzweil für die gesamte Familie versprechen.

Das Gebäude besteht aus drei »Flügeln«, von denen zwei auf Stelzen stehen, während der dritte auch im Erdgeschoss geschlossen ist. Dort sind neben dem Bistro Nebenräume und die Garage untergebracht. Versorgt wird der Bau über eine Photovoltaikanlage, deren Leistung für Besucher auf einer Schautafel abzulesen ist. Das Zentrum wirkt wie ein großer Abenteuerspielplatz und lädt in allen Bereichen zur Interaktion ein.

→ *Das Agenda-Zentrum liegt zwischen Waldrand und Feuchtgebiet, dessen Pflanzen- und Tierwelt auf befestigten Wegen und Brücken entdeckt werden kann.*

← ↑ *Das Agenda-Zentrum besteht aus drei Baukörpern. Zwei von ihnen weisen große Fensterfronten auf, die genügend Licht für die Innenräume liefern. Zwischen den Pfählen unterhalb der Gebäude findet sich wettergeschützter Raum an frischer Luft. Direkt am Ensemble gibt es viele Spielmöglichkeiten, die sich wie ein Spinnennetz über das Gelände verteilen.*